Klaus Peter Schreiner, Jahrgang 1930, verschrieb sich nach einem ab-
gebrochenen Chemie-Studium voll und ganz dem Kabarett. Seit 1952
auf mehreren Bühnen (»Die Seminarren«, »Die Namenlosen«, »Die
Amnestierten«, »Die Zwiebel«, »Münchner Lach- und Schießgesell-
schaft«), von 1958 an fast nur noch als Autor tätig: Hausschreiber der
»Münchner Lach- und Schießgesellschaft«, »Notizen aus der Provinz«,
»Scheibenwischer«, daneben viel Rundfunk- und Fernsehunterhaltung
(»Klimbim«) und zwei Bücher: »Die Zeit spielt mit« – die Geschichte
der Lach- und Schießgesellschaft, und »Ins Schwarze geschrieben« –
Streifzüge durch (meine) dreißig Jahre Kabarett – beide im Kindler-
Verlag.
Klaus Peter Schreiner ist Mitglied der »Sportfreunde Windach e.V.«,
des »HCV Bürstadt e.V.« sowie der »Gesellschaft zur Verbreitung von
Schrecken aller Art«.

Herausgeber
Dr. Rolf Cyriax

BIBLIOTHEK DER
DEUTSCHEN WERTE

Der Deutsche Verein

GEWÜRDIGT VON
KLAUS PETER SCHREINER

Originalausgabe 1989
© 1989 Droemersche Verlagsanstalt Th. Knaur Nachf., München
Das Werk einschließlich aller seiner Teile ist urheberrechtlich
geschützt. Jede Verwertung außerhalb der engen Grenzen des
Urheberrechtsgesetzes ist ohne Zustimmung des Verlages
unzulässig und strafbar. Das gilt insbesondere für
Vervielfältigungen, Übersetzungen, Mikroverfilmungen und die
Einspeicherung und Verarbeitung in elektronischen Systemen.
Umschlagillustration Dieter O. Klama, München
Satz IBV Satz- und Datentechnik GmbH, Berlin
Druck und Bindung Ebner Ulm
Printed in Germany
2 4 5 3 1
ISBN 3-426-02759-3

INHALTSVERZEICHNIS

»...Hier lebe ich.
Und will auch einst begraben sein
in mein' Verein.«

Kurt Tucholsky

ERSTER TEIL

I. Rettet den deutschen Verein

Es ist traurig, scheint aber dennoch wahr zu sein: Der deutsche Verein ist vom Aussterben bedroht. Mit anderen Worten: Die Bürger der Bundesrepublik Deutschland sind vereinsmüde wie nie zuvor und kehren der zielgerichteten, eingetragenen und gemeinnützigen Geselligkeit kühl den Rücken. Dieses vereinsschädigende Verhalten einer ganzen Nation ist wie nichts sonst dazu geeignet, die Wurzeln völkischen Selbstverständnisses auszuhöhlen, so daß letztlich auch dessen Stamm der Fäulnis preisgegeben ist und Äste, Zweige und Blätter desgleichen unwiderruflich dem Verdorren anheimzufallen drohen. Die Losung der Stunde kann darum nur lauten: Rettet, was nicht mehr zu retten scheint – rettet den deutschen Verein, denn es steht, wenn man den Vorzeichen glauben kann, schlimm um ihn.

Wie schlimm, das ergab eine 1988 angestellte repräsentative Befragung von 2000 Personen ab 14 Jahren: War noch im Jahre 1981 jeder Deutsche durchschnittlich in zwei Vereinen, so ist heute, nur verflixte sieben Jahre später, das Verhältnis wesentlich getrübter: Fast jeder zweite Deutsche ist überhaupt nicht vereinsmäßig organisiert!

Im nackten Zahlen ausgedrückt, heißt dies: 42 Prozent der Bundesbürger haben sich in keinem bürgerlichen Verein, in keinem vornehmen Club und in keinem interessenfördernden Verband zusammengeschlossen, sind in keiner politischen Partei, in keiner Gewerkschaft und in keiner Bürgerinitiative, ja nicht einmal im größten Automobilclub Europas – das Vereinsspektrum umfaßt schließlich nicht nur all jene Gruppierungen, die sich tatsächlich »Verein« nennen, sondern schließt auch sämtliche anderen Organisationen ein, welche vereinsmäßig strukturiert sind, auch wenn dies nicht unter dem Signum »e. V.« geschieht. (Vgl. dazu Kasten auf Seite 24.)

Die Studie, die dieses beschämende Resultat zutage förderte, wurde vom Freizeit-Forschungsinstitut eines weltweit aktiven Tabak-Konzerns in Auftrag gegeben. Das niederschmetternde Ergebnis muß auch in der Führungsspitze dieses Konzerns (der im übrigen *nicht* vereinsmäßig strukturiert ist!) tiefe Depression ausgelöst haben, denn schließlich wird der Konsum von Tabakerzeugnissen durch das Vereinsleben wesentlich gefördert, drückt sich die organisierte deutsche Geselligkeit doch vornehmlich in drei Tätigkeiten aus:

1. Rauchen
2. Trinken
3. Singen.

Die Wertigkeit der drei Tätigkeiten wechselt mit der Zielsetzung des Vereins. So lautet sie natürlich bei einem Gesangverein aller Voraussicht nach:

1. Singen
2. Trinken
3. Rauchen,

während elitärere Vereinigungen, wie beispielsweise studentische Korporationen, wieder andere Prioritäten setzen:

1. Trinken
2. Trinken
3. Rauchen und Singen,

wobei Rauchen und Singen hier gleichwertig auf Position drei abgedrängt werden, weil man während des Trinkens beides nicht vollziehen kann.

Bei den neuerdings weitverbreiteten Nichtrauchervereinigungen sieht die Reihenfolge naturgemäß wieder ganz anders aus:

1. Nichtrauchen
2. Trinken
3. Singen.

Aus alledem wird ersichtlich, daß es nicht nur diese Nichtrauchervereinigungen sind, die der Tabakindustrie das Leben schwermachen, sondern der allgemein zu beobachtende Trend zur Vereinsverweigerung. Ihn gilt es zu stoppen, und dazu bedarf es zunächst einer gründlichen und sorgsamen Erforschung der Hintergründe, die zu dem bundesweiten Vereinssterben geführt haben und noch führen.

Merke:

1. **Der deutsche Verein ist von einer allgemeinen Vereinsverdrossenheit bedroht.**
2. **Der deutsche Verein muß vorm Aussterben gerettet werden.**
3. **Mit Rauchen allein ist es aber auch noch nicht getan.**

II. Woran krankt der deutsche Verein?

Versucht man, den Ursachen für die weitverbreitete deutsche Vereinsmüdigkeit auf den Grund zu kommen, so stößt man zwangsläufig auf die verschiedensten Ansatzpunkte. Aus der schon erwähnten Studie des weltweit aktiven Tabak-Konzerns geht hervor, daß der deutsche Verein heute und in Zukunft vornehmlich mit drei Mißhelligkeiten zu kämpfen haben wird, die wir zunächst getrennt voneinander betrachten müssen, obwohl sich bei genauerer Analyse ergibt, daß sie engmaschig miteinander vernetzt sind.

Vereinsfeind Nummer eins: der Zeitgeist

Wie Zahnräder greifen zum Beispiel drei besonders verabscheuenswürdige Modeerscheinungen ineinander, die jenem widerwärtigen Gesellen zuzuordnen sind, der sich als sogenannter »Zeitgeist« durch die bundesdeutsche Gegenwart schleicht: der allgemein zu beobachtende Geburtenrückgang, der mit der Zunahme der Einpersonen-Haushalte einhergeht und andererseits mit dem ständigen Freizeitzuwachs zusammenhängt.

Über den bundesweit verbreiteten Geburtenrückgang braucht kein Wort verloren zu werden, denn jedem vernünftig denkenden Menschen wird klar sein, daß mit sinkender Bevölkerungszahl auch die Zahl der potentiellen Vereinsmitglieder abnehmen muß. Daß der Trend zu weniger Kindern ungebrochen ist, mag bedauerlich sein, läßt sich jedoch auf die Dauer mit guten Worten nicht aus der Welt reden. Vereinsneugründungen mit dem Ziel, die Gebärfreudigkeit zu steigern, versprechen für sich allein ebenfalls keine dauerhafte Lösung, zumal eine einheitliche Willensbildung zwischen so gegensätzlichen Positionen wie der einer »Christlichen Gesellschaft zur Enthaltsamkeit von jeglicher Empfängnisverhütung« und der eines »Vereins zur Pflege des lustvollen ungeschützten Geschlechtsverkehrs« wohl kaum möglich sein wird. Ganz abgesehen davon, daß alle solche Maßnahmen erst nach Generationen greifen werden, beziehungsweise – und das im wahrsten Sinne des Wortes – zum Tragen kommen.

Mit schuld am Geburtenrückgang ist natürlich wiederum die zeitgeistbedingte Zunahme der Einpersonenhaushalte, also das neuerdings wild um sich greifende Single-Unwesen. Der Single nämlich ist selbstbestimmt, und das heißt: Er kann jederzeit frei entscheiden, was er wie und wo mit seiner freien Zeit anzufangen gedenkt. Der Gebundene hingegen, also vornehmlich der Ehemann, ist seiner Gattin beziehungsweise Partnerin gegenüber immer auf Ausreden angewiesen, wenn er a) seitenspringen, b) zum Saufen gehen oder c) ganz einfach seine Ruhe haben will. Ein Verein ist in einem solchen Falle für den Gebundenen natürlich der ideale Vorwand, um seine regelmäßige Aushäusigkeit zu rechtfertigen. Beim Alleinlebenden aber fehlt naturgemäß dieses Bedürfnis nach einer Ausrede, so daß auch von daher der Grund, einem oder mehreren Vereinen beizutreten, entfällt. Und daran mag es wohl liegen, daß mit 55 Prozent mehr als die Hälfte aller Alleinlebenden sich zu diesem Status auch insofern bekennen, als sie sich dem geselligen Vereinsleben gegenüber ebenfalls abstinent verhalten. (Die Gründung von Vereinen Alleinlebender stellt auch hier keine Lösung dar, da mit dem Vereinsbeitritt das Alleinleben ja auch noch gefördert und nicht etwa unterbunden wird.)

Schuld am Single-Überhang wiederum ist die vermehrte Freizeit, wenn dies zunächst auch paradox klingen mag, da ja normalerweise ein höheres Maß an Freizeit dazu führt, daß man mehr Zeit hat, sich dem (oder der) Nächsten zuzuwenden. Volkswirtschaftlich, wachstumsmäßig und arbeitsplatzpolitisch gesehen ist es jedoch nicht erwünscht, wenn sich zwei Menschen ohne Zuhilfenahme von Wirtschaftsgütern miteinander beschäftigen (siehe Geburtenrückgang!), und darum unterbreiten Wirtschaft und Industrie dem singular existenten Menschen auch ein reichhaltiges Angebot an Instrumenten, mit denen er seine freie Zeit sinnvoll totschlagen kann: Surfbretter, Segelboote, Sportwagen, Wohnmobile, Schlauchboote, Leichtflieger, Heißluftballons, Angelruten, Schlagbohrmaschinen, Rennräder, Zelte und ähnliches.

Weniger die Benutzung all dieser Geräte als vielmehr Pflege, Instandhaltung und Nebenarbeit, die erforderlich ist, um ihre Finanzierung zu sichern, nehmen die Freizeit ihrer Besitzer so über die Maßen in Anspruch, daß für die Mitarbeit in einem Verein sowieso keine Zeit mehr bleibt.

Daß es für nahezu sämtliche Freizeitbeschäftigungen überall auch die entsprechenden Vereine gibt, ist aus genau diesem Grund ebenfalls keine Lösung, da – wie beschrieben – ein Vereinsleben wegen Mangels an verfügbarer Zeit sowieso nicht stattfinden kann.

<u>Merke:</u>

1. Der deutsche Verein leidet unter dem Zeitgeist.
2. Dieser Zeitgeist ist nicht vereinsbedingt, sondern wirkt von außen auf das Vereinswesen ein.
3. Gegen diesen Zeitgeist läßt sich auch mit Anti-Zeitgeist-Vereins-Neugründungen nichts ausrichten.

Vereinsfeind Nummer zwei: die Mobilität

Die Tabakstudie über die deutsche Vereinsverdrossenheit hat unter anderem auch die folgende Erkenntnis zutage gefördert: Die Unlust, sich mit Gleichgesinnten zusammenzutun, ist in der Großstadt ausgeprägter als auf dem flachen Land. Während bloß 48 Prozent der Großstädter sich einem Verein zugehörig fühlen, sind es immerhin noch zwei Drittel der Landbevölkerung, nämlich 67 Prozent, die es nach organisierter Geselligkeit drängt.

Dennoch ist auch auf dem Land eine deutliche Abnahme der Vereinstätigkeit zu registrieren, und das liegt eindeutig an der wachsenden Mobilität auch des Dorfbewohners. Mit anderen Worten: Auto, Traktor und Motorrad sind dem ländlichen deutschen Vereinswesen in keiner Weise zuträglich, und zwar aus folgendem Grund:

Ein im besten Mannesalter stehender erwachsener Dorfbewohner zwischen 25 und 40 Jahren hatte vor dem Überhandnehmen der Motorisierung folgende Möglichkeiten abendlicher und zu Fuß oder per Fahrrad zu erreichender Freizeitgestaltung:

Freiwillige Feuerwehrübung,
Gesangsprobe Kirchenchor,
Schießabend des Schützenvereins,
Kartenspielen in der Dorfkneipe.

Heute ist er vollmotorisiert und hat, folgt man dem An-
zeigenteil und dem Veranstaltungskalender seiner örtlichen Tageszeitung, folgende Alternativen:

Orgelkonzert in der Pfarrkirche der Kreisstadt
Rebirthing-Marathon mit Gestalt-Workshop im Nach-
bardorf
Aufklärungsveranstaltung der AIDS-Hilfe
Dia-Vortrag über oberfränkische Dorfbrunnen (Pfarr-
saal)
Entspannungsübungen im dorfeigenen Eros-Center
Meeting der »Anonymen Alkoholiker«
Kurs in Selbsterfahrungs-Holzhacken und biodynami-
schem Besenbinden
Autogenes Meditations-Training im Heu
sowie Volkshochschulkurse, Erwachsenenbildung,
Abendgymnasium, Kinobesuche (»Rambo« I–VII) und
Fernsehen satt zu Hause.

Man kann es einem derart überanimierten Mann, der
voll im Saft seiner Virilität steht, letzten Endes ja nicht
verübeln, wenn er sich bei einem solchen kulturell hoch-
stehenden Freizeit-Überangebot nur ungern dafür entscheidet, sich statt dessen doch lieber den Rechenschafts-
bericht des ersten Vorsitzenden seines örtlichen Obst-
und Gartenbauvereins reinzuziehen.
Es ist also keine unbillige Übertreibung, wenn man fest-
stellt, daß die Motorisierung und die damit verbundene

Mobilität das deutsche Vereinsleben entscheidend gefährden.

Darüber hinaus tragen eine Unzahl von Automobil-, Motorsport-, Rallye-, Zweiradfahrer- und andere Raserclubs wesentlich dazu bei, dieses deutsche Vereinsleben wiederum nachhaltig zu mobilisieren. Doch muß an dieser Stelle leider (statt Karten) darauf hingewiesen werden, daß sich das Vereinsgeschehen in diesen Clubs meistens auf die gemeinsame Teilnahme an der Beerdigung von tragisch verunglückten Vereinskameraden beschränkt und daß, nach dem Motto »Freie Fahrt für freie Bürger«, in solchen Vereinen immer mal wieder ein Platz für neue Interessenten frei wird, so daß die Gesamtmitgliederzahl leider auch hier mehr oder weniger stagniert.

Merke:

1. Der deutsche Verein leidet vornehmlich auf dem flachen Land unter der wachsenden Mobilität seiner potentiellen Mitglieder.
2. Das ländliche Vereinsleben wird durch ein kulturelles Überangebot in den Hintergrund gedrängt.
3. Die Aktivitäten von Motorsportvereinen senken nicht nur die Lebenserwartung, sondern leider auch ihre Mitgliederzahl.

Vereinsfeind Nummer drei: die Überfremdung

Naturgemäß muß es dem deutschen Verein zum Nachteil gereichen, daß das Deutschtum als solches in seinem eigenen Land immer mehr in den Hintergrund gedrängt wird.

Aus meiner Kindheit ist mir der »Verein für das Deutschtum im Ausland« in unguter Erinnerung – kenntlich durch seine Abkürzung »VDA« und durch blaue Kerzen, für die man, durch seinen Deutschlehrer gelinde erpreßt, alljährlich kurz vor Weihnachten sein Taschengeld zu opfern hatte. Heute schiene es zeitgemäßer, einen »VDI« (Verein für das Deutschtum im Inland) zu installieren, wenn die Abkürzung nicht schon vom »Verein deutscher Ingenieure« blockiert wäre. Außerdem werden die Vereinsziele eines solchen Vereins ja schon von anderen obskuren Organisationen wie DVU, NPD, REP, EAP und dergl. wahrgenommen.

Dennoch: Das deutsche Vereinswesen hat infolge der Durchrassung, Durchfremdung und Durchmischung des Volkskörpers bleibende Schäden davongetragen. Noch liegen zwar keine genauen Zahlen über die Verbreitung von VADs (Vereine für Ausländertum in Deutschland) vor, aber es gibt, besonders in bundesdeutschen Hauptbahnhöfen, deutliche Anzeichen dafür, daß sich immer mehr inländerfeindliche Gruppierungen (sogar rauchend, trinkend und singend!) auf Vereinsbasis zu formieren beginnen.

Hier muß festgehalten werden, daß Deutsches sich auf Vereinsebene durchaus nicht gegen Fremdländisches abschottet. Die nunmehr schon über vierzigjährige Existenz deutsch-amerikanischer Frauenclubs beweist nachhaltig das Gegenteil.

Der deutsche Verein also bleibt dem Ausländer, so er denn seinen Monatsbeitrag und eine den Zielen des Vereins dienliche Leistung erbringt, durchaus nicht verschlossen. (Sören Lerby, Jean Marie Pfaff, Johnny Ekström und viele andere sind nur einige wenige schöne Beispiele für diese Integrationsfähigkeit.)

Schädlich für den deutschen Verein ist jedoch noch eine andere Folge der Überfremdung: die Internationalisierung der deutschen Gastronomie.

Die deutsche Gastronomie zerfällt heutzutage in vier große Gruppen:

1. Spitzengastronomie (übernational)
2. Einheitsgastronomie (italienisch, chinesisch, türkisch, griechisch, jugoslawisch, spanisch, französisch, indisch, jeweils mit deutschen Geschmackseinschlüssen)
3. Nordamerikanische Gastronomie (Steakhouses und Fast Food)
4. Restgastronomie (deutsch beziehungsweise regional-bodenständig; in Bayern: Schmankerl)

Schon beim ersten Hinsehen wird klar, daß kein gastronomischer Betrieb, der einer dieser vier Kategorien angehört, sich als Vereinslokal eignet. Die Voraussetzungen dafür weist nur das Lokal aus einer weiteren Gruppe auf, nämlich

5. das Wirtshaus (Wirtschaft, Gasthaus, Krug, Schenke, Kneipe etc.)

Nur im bodenständigen deutschen Wirtshaus nämlich kann sich ein echtes Vereinsleben frei entfalten; weil jedoch immer mehr Lokalitäten der Kategorie 5 in solche der Kategorien 1–4 umgewandelt werden, führt dies in weiten Regionen unseres Vaterlandes dazu, daß immer mehr deutsche Vereine in Ermangelung einer gemütlichen Bleibe heimatlos werden. Und alles Deutsche, was heimatlos ist – das wissen wir von den Vertriebenenverbänden her –, ist ein Quell ständigen Verdrusses, dauernden Ärgers und ewigen Unfriedens.

Merke:

1. Dem deutschen Verein wird durch eine fortschreitende Entdeutschung seines Nährbodens das Wasser abgegraben.
2. Antideutsche Vereine drängen den deutschen Verein immer mehr ins Abseits.
3. Einem Verein »Freiheit für Südtirol« kann eine Pizzeria nicht als Vereinslokal zugemutet werden.

Vereinsfeind Nummer vier: die Massenmedien

Für jeden klarsichtigen Betrachter steht es außer Frage, daß die Allgegenwart der Massenmedien (hier insbesondere die der elektronischen beziehungsweise audiovisuellen) dem Vereinsleben nachhaltigen Schaden zufügen muß.

Vordergründig bestehen die nachteiligen Auswirkungen und der störende Einfluß der Massenmedien natürlich darin, daß diese das Individuum an den häuslichen Sessel fesseln, wo es lesend, betrachtend, hörend oder fernsehend seine Freizeit verbringt und, in strenger Isolation vom Mitmenschen, jeglicher weiteren Kommunikation entzogen wird. Sicher gibt es auch in diesem Bereich zielgerichtete Zusammenschlüsse – den Verband der Rundfunkhörer beispielsweise, aber auch Video-Clubs, den Bund der Phonofreunde und andere –, doch haben all diese Gruppierungen sich weniger die Geselligkeit als vielmehr eine noch weiter gehende Vereinsamung zum Ziel gesetzt.

Sodann aber, und das ist der weit verderblichere Einfluß, gaukeln die Massenmedien dem einzelnen eine völlig unrealistische Gruppenzugehörigkeit vor, die ihm eine zusätzliche Vereinsmitgliedschaft entbehrlich erscheinen läßt: Als Leser eines Groschenblattes fühlt er sich als Mitglied der großen BILD-Gemeinde, Illustrierte und Magazine täuschen ihm ebenfalls ein Gemeinschaftsgefühl vor, als Buchclubmitglied weiß er, daß er mit zigtausend anderen sich gerade das nämliche Buch zu Gemüte führt, und als TV-Konsument fühlt er sich selbstverständlich dem FC Bayern München gleichermaßen zugehörig wie dem Denver-Clan, der Lindenstraßen-Clique, den Guldenburgs und – via »Schwarzwaldklinik« – dem »Marburger Bund« genannten Verband der angestellten Ärzte Deutschlands.

Wem RTL plus dann auch noch das Gefühl verleiht, als Ehrenmitglied der Tennisclubs von Brühl und Leimen exklusiv in der Royal Box von Wimbledon zu sitzen, der hat natürlich keinerlei Bedürfnis mehr, nun auch noch den »Sportfreunden Ottendichl von 1912« beizutreten, zumal die sowieso nur eine Tischtennisabteilung haben.

Merke:

1. Die Massenmedien als angebliche Kommunikationsverstärker töten in Wahrheit jegliche zwischenmenschliche Kommunikation, wie sie das Vereinsleben garantiert.
2. Die durch die Massenmedien erzeugte Isolation weckt im Individuum ein falsches elitäres Gefühl.
3. Die einzige Möglichkeit, wieder auf den Boden der Realität zurückzukehren, ist der Beitritt zu einem Verein.

Vereinsfeind Nummer fünf: der Verein

Die Überschrift verkürzt das Problem unzulässig, denn natürlich ist nicht der Verein als solcher sein ärgster Feind, sondern sein miserables Image. So traurig es auch scheint, so wahr ist es doch: Zum Niedergang des deutschen Vereins trägt in ganz bedeutendem Maße sein überaus schlechtes Erscheinungsbild bei. Der Begriff »Verein« als Bezeichnung für eine Gruppierung von gleichgesinnten Individuen ist durchweg negativ besetzt, was an Ausdrücken wie »Vereinsmeierei«, »Scheißverein« und »Vereinsamung« sowie an der volkstümlichen Redensart »Das ist mir ein sauberer Verein« deutlich wird.

Es stimmt: Der deutsche Verein hat sein Ansehen in der Öffentlichkeit auf eine Art und Weise herabgewirtschaftet, die man nur als haarsträubend bezeichnen kann. Das liegt nicht zuletzt daran, daß die Art und Weise, wie die meisten Vereine geführt werden, als bieder, überholt, altbacken und angestaubt empfunden wird, wobei man jedoch allzu leicht übersieht, daß der Führungsstil in einem Verein durch die Satzung geprägt ist, die wiederum nur in den engen Grenzen gestaltet werden kann, die das gestrenge deutsche Vereinsrecht und damit das Bürgerliche Gesetzbuch ihr lassen.

So nimmt es nicht wunder, daß zahlreiche vereinsmäßig strukturierte Personenzusammenschlüsse zu anderen Bezeichnungen greifen, um ihren Vereinscharakter nach außen hin möglichst zu verschleiern (siehe Kasten, Seite 24). In Wahrheit aber sind auch sie nichts anderes als ganz gewöhnliche Vereine mit Satzung, erstem und zweitem Vorsitzenden, Schriftführer und Kassenwart, Mitgliederversammlung und Vereinsmeierei, mit Krach, Versöhnung und anschließender Weihnachtsfeier.

Merke:

1. Ein Verein kann nicht so leichtsinnig-locker geführt werden wie ein Hendlbraterkonzern oder eine Landesbank, und eine Vereinssatzung ist nicht so einfach zu umgehen wie beispielsweise das Grundgesetz der Bundesrepublik Deutschland.
2. Ein geordnetes Vereinswesen ohne ein gewisses Quantum an Vereinsmeierei ist nicht denkbar.
3. Der deutsche Verein ist also insgesamt doch besser als sein Ruf.

Die gebräuchlichsten Tarnbezeichnungen für vereinsmäßig strukturierte Zusammenschlüsse, die der Bezeichnung »Verein« ausweichen wollen:

Allianz, Arbeitsgemeinschaft, Arbeitsgruppe, Assoziation, Bande, Block, Bruderschaft, Bündnis, Bund, Bundesverband, Clique, Club, Corps, Föderation, Forum, Fraktion, Freundeskreis, Front, Gemeinde, Gemeinschaft, Genossenschaft, Gesellschaft, Gewerkschaft, Gilde, Gruppe, Haufen, Initiative, Innung, Interessengemeinschaft, Kartellverband, Kollektiv, Körperschaft, Korporation, Kreis, Lager, Landesgruppe, Liga, Organisation, Ortsverband, Partei, Regionalbund, Ring, Runde, Sektion, Union, Verband, Verbindung, Vereinigung, Zirkel, Zusammenschluß, Zunft, Zweckverband

_____

_____

_____

(Raum für eigene Ideen)

III. Resümee

Der deutsche Verein, so haben wir gesehen, ist den verschiedensten Gefährdungen ausgesetzt. Will man sich ernsthaft um seine Rettung bemühen, so ist es mit einfachen Rezepten nicht getan.

Die eingangs zitierte Umfrage des weltweit aktiven Tabak-Konzerns und ihr erschütterndes Ergebnis lassen den äußerst bedenklichen Schluß zu, daß der überwiegende Teil der bundesdeutschen Bevölkerung sich der Bedeutung des Vereins für das Volksganze durchaus nicht voll und ganz bewußt ist. Insbesondere der Jugend scheint das Gefühl dafür, wie wichtig der Verein für die Bewältigung der Restlebenszeit ist, vollends abhanden gekommen zu sein, und es ist an die Pädagogik ernsthaft der Vorwurf zu richten, ob nicht zugunsten grauer gesellschaftswissenschaftlicher und soziologischer Theorien zwei tragende Säulen jeglicher politischer Bildung an unseren Schulen weitgehend sträflich vernachlässigt werden: Familienlehre und Vereinserziehung.

Dies Büchlein kann sich nicht der komplizierten und vielschichtigen Aufgabe stellen, alles das nachzuholen, was eine verfehlte Schul- und Bildungspolitik in dieser Hinsicht versäumt hat. Es will darum auch nicht mehr sein als ein Leitfaden, dessen sich der interessierte Laie bedienen kann, wenn er sich im Labyrinth deutscher Vereinstheorie spazierend zu bewegen gedenkt – mehr als eine gediegene Orientierungshilfe kann und mag es nicht sein, darf es sich doch aus Raumgründen nur an der Oberfläche bewegen, und so soll es dem Leser allenfalls

Anstöße geben, durch weitergehende Studien tiefer in die Materie einzudringen und sich dann eventuell auch verwandten Disziplinen forschend zuzuwenden.*

Im folgenden zweiten Teil wird lediglich zu klären sein, was ein Verein ist, welche wesentlichen Bestandteile zum Vereinswesen und -leben gehören und wie man einen Verein gründet, führt und liquidiert. Im abschließenden dritten Teil schließlich wird nach einer Lösung gesucht werden, wie dem langsamen Dahinsiechen des deutschen Vereinswesens Einhalt geboten, ihm vielmehr zu einer neuen Renaissance verholfen werden könnte.

Merke:

1. Der deutschen Bevölkerung ist ein gesundes Vereinsbewußtsein abhanden gekommen.
2. Als zusätzliches Pflichtfach sollte an allen Schulen Vereinserziehung eingeführt werden.
3. Sie sollten jetzt dennoch hier nicht aufhören, sondern weiterlesen.

* Hachfeld: »Die Deutsche Seele«, Paul: »Das Deutsche Lied«, Richling: »Der Deutsche Selbstverstand«, Hildebrandt/Drechsel: »Die Deutsche Gemütlichkeit«, Ebert: »Der Deutsche Verkehr«, Hoche: »Die Deutsche Treue«, Katz: »Der Deutsche Mann« – alle in »Bibliothek der Deutschen Werte«, München 1988/89

ZWEITER TEIL

I. Was ist ein Verein?

Das Lexikon (»Der Große Brockhaus«, Wiesbaden, 1957) definiert den Verein als »eine vom Wechsel ihrer Mitglieder nicht abhängige Verbindung von Personen zur Verfolgung eines gemeinsamen, nicht nur vorübergehenden Zwecks mit einer den Zweck und die Willensbildung der Gemeinschaft regelnden Verfassung«.

Mit einfacheren Worten: Ein Verein ist ein Zusammenschluß von Leuten mit gemeinsamen Interessen, welch letztere sich in der Satzung manifestieren.

Sind die Interessen eines Vereins persönliche und private, also ideell orientiert (Geselligkeit, Körperertüchtigung, Weiterbildung, Kunst, Humanitäres, Soziales usw.), so sprechen wir vom »Idealverein«. Sind die Bestrebungen des Vereins hingegen auf einen wirtschaftlichen Gewinn hin ausgerichtet (Bochumer Verein, Ringverein, Technischer Überwachungsverein, Kassenärztliche Vereinigung etc.), so entsprechen diese Ziele nicht dem Idealbild des auf Selbstlosigkeit fußenden deutschen Vereins. Solche primär materiell orientierte Vereine werden daher im folgenden auch nicht oder doch nur am äußersten Rande Erwähnung finden, zumal sie an Zahl wie an Bedeutung

von den Idealvereinen weit übertroffen werden, deren
Bestrebungen mehr auf geistigem, sittlichem, sozialem,
politischem und religiösem Gebiet liegen.
Um es wiederum einfacher auszudrücken: Der deutsche
Verein dient weniger der Vermögens- als vielmehr der
Persönlichkeitsbildung.
Damit ist ausgedrückt, daß für einen Menschen – und vor
allem für einen deutschen Menschen! – die Mitgliedschaft in einem, besser aber noch in mehreren Vereinen
unabdingbare Voraussetzung zur geistigen und körperli-
chen Vervollkommnung und Festigung seines Charakters ist.

Die Basis des deutschen Vereinswesens bilden die sogenannten Elementarvereine. Sie dienen der Förderung
und Pflege

1. des Körpers (Turn- und Sportverein, Tanzclub, Kegel-
   gemeinschaft »Alle Neune«)
2. der Musik (Gesangverein, Liedertafel, Cäcilienver-
   ein, Fischer-Chöre)
3. der Zucht (Kaninchen- und Taubenzuchtverein, Verein für den deutschen Schäferhund, Vollblutzüchter-
   verband, Lebensborn e. V.)
4. der Natur (Obst- und Gartenbauverein, Deutscher
   Campingbund, Deutsche Jägerschaft, Interessenver-
   band oberbayerischer Skiliftbetreiber e. V.)
5. der Heimat (Sudetendeutsche Landsmannschaft,
   Landesverband der Pfälzer im rechtsrheinischen Bayern)
6. des Hobbys (Deutscher Aeroclub, Verein für Philatelie, Freizeit-Sauna-Fitness- und Massage-Club).

Der Amateurvereinsforscher Giacomo Hupfdobler aus Kamp-Lintrop teilt die bürgerlichen Vereine in drei Kategorien ein: den Pro-Verein, den Anti-Verein, den Neutral-Verein.

Ein Beispiel für einen Pro-Verein wäre etwa der »Verein für die Erhaltung der San-José-Schildlaus«, als Anti-Verein könnte sich eine »Union gegen das freihändige Radfahren auf den Gehsteigen oberschwäbischer Kreisstädte« bezeichnen, und ein Neutral-Verein wäre ein Verein, der weder für noch gegen etwas ist, sondern in sich selbst ruht, wie die »Föderation schachspielender Alkoholiker im nördlichen Rheinhessen«.

Mag die Hupfdoblerische Klassifizierung auf den ersten Blick auch bestechend wirken, so hat sie doch ihre Tücken und verleitet zum Etikettenschwindel. So erscheint etwa eine »Initiative zur Förderung des Ausländers in seiner Heimat e. V.« auf den ersten Blick durchaus als Pro-Verein, entpuppt sich jedoch bei näherem Hinsehen als Anti-Verein in seiner extremsten Form. Und auch der »Verein für die Erhaltung der San-José-Schildlaus« ist nur dem Namen nach ein Pro-Verein, richtet sich seine Tätigkeit doch erstens gegen die von der San-José-Schildlaus befallenen Obst- und Beerengewächse und zweitens gegen die Schädlingsbekämpfungsmittelindustrie.

Daraus ergibt sich, daß die Hupfdobler-Gliederung nicht nur als unwissenschaftlich, sondern auch als unbrauchbar zurückgewiesen werden muß.

(Selbstverständlich sind Überlappungen nicht nur möglich, sondern sogar wahrscheinlich, denn was dem einen noch Hobby ist, kann dem anderen durchaus schon Körperertüchtigung sein.)

Diese sechs Säulen sind es im wesentlichen, auf denen das deutsche Vereinswesen sich aufbaut, wobei sich durch fortdauernde Spezialisierung ständig neue und interessante Absplitterungen ergeben, so daß die deutsche Vereinslandschaft sich einer überaus reizvollen Vielgestaltigkeit erfreut. (Siehe Kasten auf Seite 32/33.)

Es wäre eine wahrhaft schöne Aufgabe für jeden einigermaßen geschäftsfähigen deutschen Bundesbürger, diese bunte Vielfalt durch die Gründung eines neuen Vereins noch mehr zu bereichern. Er würde damit nicht nur einen bedeutenden Beitrag zu seiner eigenen charakterlichen Festigung, zur Förderung seiner organisatorischen Gaben und zur persönlichen Selbstfindung und seelischen Bereicherung leisten, sondern auch einen wahrhaft staatspolitischen Auftrag erfüllen. Denn schließlich ist es die Bundesregierung selbst, die aus der Tatsache, daß der deutsche Verein sich in einer Krise befindet, erstens die Konsequenzen und zweitens die Notbremse zieht, um diese Talfahrt endlich energisch zu stoppen.

Damit tut sie nicht mehr als ihre verdammte Pflicht und Schuldigkeit, denn jede Bundesregierung, ja sogar jeder Politiker sollte sich darüber im klaren sein, welch wohltuende und befruchtende Wirkung das Vereinsleben auf die gesamte politische Landschaft ausübt. Das läßt es auch angeraten erscheinen, daß jeder deutsche Mensch, gleich welchen Geschlechts, männlich, weiblich oder sächlich, in möglichst jungen Jahren ins Vereinsleben integriert wird, um schon frühzeitig mit den Notwendigkeiten und Mechanismen vertraut zu werden, die das Leben in einer außerfamiliären Gemeinschaft prägen und die in der modernen Psychologie als »Gruppendynamik« bezeichnet werden.

Nur im Verein mit seiner straffen organisatorischen Struktur kann der junge Mensch schließlich feststellen, ob er willig, fähig und dazu berufen ist, einmal zu einer Führerpersönlichkeit heranzureifen. Nur im Verein kann er seine diesbezüglichen Qualitäten und Begabungen testen und sie, hat er sich erst einmal von ihrem Vorhandensein überzeugt, konsequent und zielgerichtet weiter ausbauen, erweitern, vertiefen und verfeinern. Nur auf der Mitgliederhauptversammlung seines Vereins lernt er die Kunst der freien Rede, des Widerspruchs und des effektvollen Zwischenrufs, und nur hier kann er auf der Klaviatur der Geschäftsordnung mit beiden Händen sich in jenes meisterhafte Spiel einüben, das er später mal beherrschen muß, um sich ein erfolgreiches Weiterkommen selbstbewußt zu sichern. Nur im Verein macht er die wichtige Erfahrung, daß Menschenführung immer auch ein Stück Menschenverachtung beinhaltet und im übrigen die hohe Kunst der Manipulation voraussetzt. Und wo läßt sich wohl leichter manipulieren als in einem Verein? Hier lernt der junge Mensch, sofern er die erforderlichen Voraussetzungen dazu mitbringt, wie man sich ins Zentrum eines kunstvollen Spinnennetzes manipuliert, das aus Intrige, Korruption, Hinterlist, Erpressung und übler Nachrede (mit nachfolgendem Dementi) gewoben ist, und wie man von dieser sicheren Position aus seelenruhig zusieht, wie andere sich in diesem Netz verfangen und – höchstes der Gefühle! – strangulieren.

Auszug aus dem Vereinsregister des Münchner Amtsgerichts

Arbeitskreis heimische Orchideen Bayern
Marine-Kameradschaft München von 1890 »Großadmiral Dönitz«
Verein gegen unlauteren Wettbewerb auf dem Skimarkt
Medien vor Ort e.V.
Kuratorium zur Förderung historischer Waffensammlungen
Verein zur Förderung konservativer Publizistik
Bürgerinitiative Rettet das Kreiskrankenhaus München-Perlach
Förderverein zur Freiheit des Presselebens
Zentrum für Entwicklung und Frieden
Verein der leitenden Ärzte deutscher Privatkrankenanstalten
Institut für ästhetische Forschung und Kunsttherapie
Aktive Münchner Nichtraucher e.V.
Verein zur Förderung von Eigeninitiativen junger Menschen
Interessengemeinschaft Angstbewältigung
Ludwig II. König von Bayern e.V.
Verein zur Förderung der Industriearchäologie
Kultusgemeinde der echten orthodoxen Christen
Verein für Freizeitgestaltung für ausländische, deutsche sowie gehörlose Arbeitnehmer im Baugewerbe
Verein zur Förderung körperbehinderter Hochbegabter
Rettet das altbayerische Wirtshaus e.V.
Verband der deutschen Gemäldegroßhändler

Gesellschaft zur Entwicklung ganzheitlicher Leibeserziehung

Gemeinschaft zur Erhaltung der Burgen

Club für sportliches und praktisches Pistolenschießen

Institut für interdisziplinäre Strukturforschung

Pierre-Brice-Club (Präsident: Pierre Brice)

Pforten-Gesellschaft zur Förderung der Dichtkunst

»Arbeitsgemeinschaft Vorausentwertungen« im Bund Deutsche Philatelisten

Verein zur Förderung der zweisprachigen Früherziehung

Verband der Zulieferanten der Aufzugsindustrie

Truderinger Böllerschützen e. V.

Vereinigung chinesischer Kampfkünste

Gesellschaft zur Verbreitung praktischer Vernunft

Verein zur Förderung des Heils durch Musik

Interessengemeinschaft Autofahrer gegen ein generelles Tempolimit auf deutschen Autobahnen

Plains- und Prärie-Indianer München e. V.

Verein gegen Werbeeinwürfe

Mitteleuropäische Gesellschaft für regulatorische Angelegenheiten

Deutscher Club für Belgische Schäferhunde

VIP-Runde der Zwölfzylinderfahrer

Verein der privaten Hengsthalter in Bayern

Ist die Familie die Keimzelle des Staates, so ist der Verein mit einem Embryo im frühen Stadium zu vergleichen: Hier wird endgültig festgeschrieben, was einer später mal sein wird – Topmanager oder braver Buchhalter, Macher oder bloß Zulieferer, Star oder Statist, Fraktionsgeschäftsführer oder Hinterbänkler.

Aus den Vereinen also rekrutiert sich die Führungsschicht unseres Landes, und darum ist jede Regierung nur gut beraten, wenn sie dem Vereinswesen, dieser gesellschaftspolitisch so wichtigen Humusschicht, jede nur denkbare Hilfe und Unterstützung zuteil werden läßt.

So ist es auch nur einhellig zu begrüßen, daß die Bundesregierung nun endlich ein »Vereinsförderungsgesetz« vorgelegt hat, welches zum Inhalt hat, daß künftig durch eine Änderung des Steuerrechts jeder Verein die sogenannte »Gemeinnützigkeit« erlangen kann, die es ihm erlaubt, steuerbegünstigte Spenden entgegenzunehmen. Es werden also nicht mehr nur humanitär orientierte Gruppierungen sein, denen man sein Geld steuermindernd zukommen lassen kann, sondern die ganze breite und bunte Palette des deutschen Vereinswesens kann mit Spenden bedacht werden, weil nunmehr alles gemeinnützig ist, was nicht ausdrücklich als gemeingefährlich deklariert ist (wie etwa Jugendsekten): Schachspiel, Modellflug, Pferde- und Hundesport, Pflanzen-, Obst- und Kleintierzucht, Pflege traditionellen Brauchtums wie Karneval und Volkstracht, Soldaten- und Reservistenbetreuung (siehe Kasten auf Seite 35), Amateurfilmen und -funken, Philatelie und alle »dem Sport nahestehenden Zwecke«.

»Der Staat weiß«, so verkündete einer seiner Repräsentanten, »wie wichtig die Initiative der Bürger ist, welche

> *Zwei schöne Beispiele für als gemeinnützig aner-*
> *kannte Vereinigungen:*
>
> »Spielmannszug Nordgau Hans-Ulrich Rudel«, vom
> zuständigen Finanzamt als Verein zum Wohle der Ju-
> gend, Heimatpflege, Kultur und Tradition eingestuft.
>
> »Kameradschaftsverband der Soldaten des 1. Panzer-
> korps der ehemaligen Waffen-SS im Verband deut-
> scher Soldaten e. V.«, vom Finanzamt Stuttgart am 15.
> April 1982 als gemeinnützig anerkannt.

Bedeutung gerade die Vereine für die Lebensqualität, für unsere Demokratie überhaupt haben.« Ist also, so steht es in der Abgabenordnung, eine Vereinstätigkeit darauf gerichtet, »die Allgemeinheit auf materiellem, geistigem oder sittlichem Gebiet selbstlos zu fördern«, so kann sich der Verein nicht nur auf Steuerfreiheit oder -ermäßigung für sich selbst und auf Steuerersparnis bei seinen Spendern freuen, sondern möglicherweise sogar auf kräftige öffentliche Zuschüsse hoffen.

Dem Staat ist diese Förderung geschätzte hundert Millionen Mark wert, die ihm an Steuern entgehen werden, und allein schon daran läßt sich ersehen, wieviel ihm an einem fruchtbaren, geordneten und lebendigen Vereinsleben gelegen ist. Man sollte sich dieser fiskalischen Wertschätzung würdig erweisen und alles tun, um den Staat auch hier nach Kräften zu unterstützen, so daß die einzig zeitgemäße Devise für jeden pflichtbewußten Staatsbürger nur lauten kann: Wir gründen einen Verein!

Merke:

1. Ein Verein ist gesellschaftspolitisch gesehen immer mehr als nur ein Zusammenschluß Gleichgesinnter.
2. Der Verein ist die politische Schulungsanstalt der Nation.
3. Je mehr Vereine gegründet und gefördert werden, um so gefestigter wird unsere Demokratie. (Siehe nochmals Kasten auf Seite 35.)

II. Wie gründe ich einen Verein?

Da ein Verein, wie der Name schon sagt, niemals Sache eines einzelnen sein kann, sind zu seiner Gründung mindestens zwei Personen erforderlich, das heißt, daß eine(r) sich mit einem (einer) anderen darüber einig sein muß, im Verein miteinander die Gründung eines solchen zu betreiben.

Allerwichtigste Voraussetzung für eine Vereinsgründung ist natürlich ein Vereinsziel, das möglichst konkret umrissen und beschrieben sein soll, um eine Eintragung ins Vereinsregister zu erleichtern und zu beschleunigen. Positiv beim Eintragungsverfahren wirkt sich auch aus, wenn die Zielsetzung schon aus dem Vereinsnamen klar und deutlich hervorgeht. Ein Verein namens »Pro Humanitate« (ersatzweise auch »Libertate«, »Juventute« etc.) wird sich schon wegen eventuell mangelnder Lateinkenntnisse des Registerbeamten beim Anerkennungsverfahren schwertun, mehr aber noch wegen des äußerst unklar und zu allgemein dargelegten Vereinsziels. Ein Zusammenschluß mit dem klaren Namen »Fan- und Randalierclub ›Tod der Südkurve‹ e. V.« dagegen kann sich eines reibungslosen Verfahrens bei der Registereintragung sicher sein, weil er an dem, was er will, von vornherein auch nicht den geringsten Zweifel läßt. (Siehe auch Kasten auf Seite 38.)

Gesetzt also den Fall, zwei Personen sind sich über die Zielsetzung eines zu gründenden Vereins einig, so besteht der nächste Schritt darin, so viele weitere Interessenten zu finden, daß mindestens sieben Gründungsmit-

> Wie wichtig es ist, das Vereinsziel nicht erst in der Vereinssatzung, sondern tunlichst schon im Vereinsnamen deutlich in Erscheinung treten zu lassen, um die amtliche Anerkennung des Vereins zu erleichtern, erfuhren die Gründer eines »Vereins zur Pflege und Förderung«, dem unter dem Aktenzeichen VerG 219/V/387–78 vom Amtsgericht Neheim-Hüsten wegen unklarer Zielsetzung die Eintragung ins Vereinsregister versagt wurde.
>
> Bei der folgenden erneuten Gründungsversammlung geriet man über die neue, endgültige Namensgebung in Streit und spaltete sich in zwei Fraktionen: Die eine nannte sich »Verein zur Pflege der Förderung«, die andere »Verein zur Förderung der Pflege«.
>
> Beiden Gruppierungen wurde vom nämlichen Amtsgericht die Eintragung ins Vereinsregister umgehend gewährt.

glieder zur Verfügung stehen, bevor die nächsten Schritte unternommen werden können.

Leider jedoch ist es meist nicht damit getan, daß die beiden Initiatoren nun noch fünf Gleichgesinnte finden, um die Gründung voranzutreiben. Erfahrungsgemäß kommt es nämlich schon im Vorfeld einer Vereinsgeburt zu gravierenden Meinungsverschiedenheiten, Zwistigkeiten und damit verbundenen Abspaltungen, so daß es sich empfiehlt, von mindestens der drei- bis vierfachen Zahl von Interessenten auszugehen, um schließlich über einen zuverlässigen Kader von sieben Gründungsmitgliedern verfügen zu können.

Vor dem Anberaumen einer Gründungsversammlung empfiehlt es sich des weiteren, eine komplette und ordnungsgemäße Satzung zu entwerfen, damit man etwas hat, worüber man in der Gründungsversammlung abstimmen kann, denn ein Verein ohne Abstimmung wäre ebenso ein Unding wie eine Vereinsversammlung ohne anschließenden gemütlichen Teil.

<u>Merke:</u>

1. **Zu einer Vereinsgründung bedarf es mindestens zweier Initiatoren und weiterer fünf Gründungsmitglieder.**
2. **Eine Ehe ist kein Verein.**
3. **Die Abstimmung und der gemütliche Teil sind die beiden Säulen jeder Vereinsversammlung.**

Planspiel zur Gründung eines Vereins

Schritt 1: Herr A. entschließt sich aus staatsbürgerlichem Verantwortungsgefühl und aus politischen Erwägungen heraus zur Gründung eines »Vereins der Freunde des Tiefflugs«, um ein Gegengewicht zu den bundesweit verbreiteten Bürgerinitiativen *gegen* den Tiefflug zu setzen.

Schritt 2: Auf der Suche nach einem gleichgesinnten Mitgründer stößt Herr A. auf den zu 80 Prozent hörgeschädigten Herrn B., der dem Vorhaben begeistert zustimmt.

Schritt 3: Herr A. und Herr B. einigen sich in langwierigen Grundsatzgesprächen darauf, daß man zwischen militärischem und sportlichem Tiefflug zu differenzieren habe. Sportlicher Tiefflug, so Herr B., sei verteidigungspolitisch gesehen nicht unbedingt notwendig und daher abzulehnen, und man beschließt den neuen Vereinsnamen »Verein der Freunde des militärischen Tiefflugs«.

Schritt 4: Herrn A. und Herrn B. gelingt es, in mühsamer Aufklärungsarbeit zwanzig weitere Mitbürger als Freunde des militärischen Tiefflugs zu gewinnen, von denen allerdings sechs militärische Tiefflieger sind und daher wegen persönlicher und wirtschaftlicher Interessen als befangen abgelehnt werden müssen.

Schritt 5: In einer Debatte zu den Satzungsinhalten kommt es über den Zusatz »Verein der Freunde des *ungehinderten* militärischen Tiefflugs« zu einem Richtungsstreit, in dessen Verlauf neun Interessenten von dem Projekt abspringen, so daß die zur Gründungsversammlung erforderliche Mindestzahl von sieben Teilnehmern nicht mehr erreicht wird.

Schritt 6: Die Mindestzahl von sieben Gründungsmitgliedern wird wieder erlangt, allerdings mit dem Zugeständnis an die neuen Interessenten, daß der Vereinsname ergänzt wird zu »Verein der Freunde des ungehinderten militärischen Tiefflugs in Naherholungsgebieten«.

Schritt 7: Die Gründungsmitglieder entwerfen eine Satzung, die in etwa zum Inhalt hat, daß der »Verein der Freunde des ungehinderten militärischen Tiefflugs in Naherholungsgebieten« es sich zum Ziel gesetzt hat, dem ungehinderten militärischen Tiefflug, insbesondere in Naherholungsgebieten, freundlich gesinnt zu sein und ihm jederzeit und überall, insonderheit, wie gesagt, in Naherholungsgebieten, zu seinem angestammten Recht zu verhelfen und ihn sowohl durch eine intensiv betriebene Vereinsarbeit als auch mit Hilfe eines Vereinsmitteilungsblattes mit dem Titel »Der ungehinderte militärische Tiefflug in Naherholungsgebieten« nachhaltig zu fördern.

Des weiteren enthält die Satzung alle erforderlichen Bestimmungen über Ein- und Austritt von Mitgliedern, Beitragsleistung und -höhe, Zusammensetzung und Wahl des Vorstandes, Versammlungsordnung, Protokollierung, Rechnungsprüfung und Auflösung des Vereins.

(Die ursprünglichen Träger der Vereinsidee, Herr A. und Herr B., haben inzwischen bereits entnervt aufgegeben, sind im Gründungskomitee nicht mehr vertreten und betreiben derweil aus einer verständlichen Trotzhaltung heraus die Gründung eines »Vereins der Freunde des ungehinderten militärischen Tiefflugs in außereuropäischen Naherholungsgebieten«, dem allerdings wegen juristischer Unstimmigkeiten und mangels einer erkennbaren staatlichen Förderungswürdigkeit die Anerkennung und damit die steuerliche Begünstigung versagt bleibt.)

Schritt 8: Der Satzungsentwurf wird dem zuständigen Amtsgericht zur Überprüfung vorgelegt, von diesem geprüft, für richtig empfunden und als unbedenklich dem Gründungskollektiv zur Verabschiedung zurückgereicht.

Schritt 9: Nachdem die wichtigsten Satzungsinhalte geklärt sind, wird mit den Gründungsmitgliedern eine erste Hauptversammlung mit dem Ziel der endgültigen Vereinsgründung abgehalten. Die Gründungsversammlung gibt sich zweckmäßigerweise folgende Tagesordnung:

1. Beschlußfassung über die Konstituierung des Vereins sowie Beschlußfassung über die Gründungssatzung.
2. Wahlen
3. Beschlüsse über Organisationsfragen
4. Verschiedenes
5. Wünsche und Anregungen
6. Gemütliches Beisammensein.

Nachdem bei der Behandlung des Tagesordnungspunktes (TOP) 1 Einigkeit darüber erzielt worden ist, den vorgeschlagenen Vereinsnamen wegen Überlänge auf »Verein der Freunde des Tiefflugs« zu reduzieren, wird die Satzung verabschiedet. Das bedeutet nun aber nicht, ganz im Gegensatz zum landläufigen Sprachgebrauch, daß man der Satzung nun endgültig auf Wiedersehen gesagt hätte – vielmehr heißt es, daß die Satzung nun definitiv Gesetzeskraft erlangt hat und daß es, je nach Anlaß, individueller oder gemeinsamer Anstrengung bedarf, sich erfolgreich, also unbemerkt, über sie hinwegzusetzen.

Nach erfolgter Verabschiedung der Satzung gelangt TOP 2 zum Aufruf: Wahlen.
Die Wahlen in einem Verein sind ein Kapitel für sich, und dem soll hier durch ein ebensolches Rechnung getragen werden.

Merke:

1. Für die Präliminarien vor der Gründung eines Vereins sollte man sich mindestens ein Jahr Zeit nehmen.

2. Bezüglich des Vereinsnamens sollte man jederzeit zu Kompromissen bereit sein.

3. Der ursprünglich erste Verfechter der Vereinsidee wird, falls er nicht schon im Vorfeld ausgeschieden ist, spätestens bei der Gründungsversammlung wegen vereinsschädigenden Verhaltens des Vereins verwiesen.

III. Die Wahl im Verein

Der Verein ist in seiner Satzung ausdrücklich als demokratische Institution verfaßt und wird daher in seiner organisatorischen Struktur durch Wahlen konstituiert. Die wählbaren Organe des deutschen Vereins sind:

1. der 1. Vorsitzende (auch: Vorstand, Präsident, Führer),
2. der 2. Vorsitzende (Vize, stellv. Vors.),
3. der Schriftführer (Protokoller),
4. der Kassenwart (Vereinskassier, Schatzmeister),
5. der Kassenprüfer (Revisor, Buchprüfer),
6. der Pressewart (Sprecher, Öffentlichkeitsarbeiter),
7. der _____ (je nach Bedarf des Vereins, etwa: Jugendleiter, Fahnenträger, Zeugwart, Getränkemeister etc.).

Wir verfolgen nun unser Planspiel weiter und schildern den Verlauf einer Vorstandswahl, wie er sich bei der Gründungsversammlung des »Vereins der Freunde des Tiefflugs« durchaus abspielen könnte.
Der Versammlungsleiter (durch einen entsprechenden Beruf als der deutschen Sprache und Schrift einigermaßen mächtig ausgewiesen) fordert den Kreis der Versammelten auf, es möchten sich aus ihm ein oder zwei oder gar noch mehr Kandidaten für den Posten des 1. Vorsitzenden melden. Da sich nahezu alle Anwesenden zur Übernahme dieser Funktion für fähig und daher auch zur Verfügung halten, aber zu bescheiden sind, um die anderen dies wissen zu lassen, meldet sich erwartungsgemäß

niemand. Daraufhin fordert der Versammlungsleiter die Versammlung auf, aus ihrer Mitte heraus der Versammlungsleitung eine, zwei oder gar mehrere Personen, die eventuell für die Übernahme des Postens des 1. Vorsitzenden in Frage kommen könnten, als Wahlkandidaten vorzuschlagen. Da jedoch, wie schon ausgeführt, jeder sich für den geeignetsten Kandidaten hält, wird er sich hüten, einen oder mehrere andere vorzuschlagen, und es herrscht also nach wie vor jene Situation, die man beim Schach als »Patt« bezeichnet.

Hier breitet sich nun zunächst einmal betretenes Schweigen aus, und die Gründungsversammlung droht noch vor der satzungsgerechten Konstituierung des Vereins zwanglos schon in den gemütlichen Teil überzugehen, als aus dem Hintergrund des Plenums sich einer zu Wort meldet. Er war (was er aber wohlweislich verschweigt) erst kürzlich wegen vereinsrechtlicher Quertreibereien und rechtshändiger Umtriebe aus dem »Verein zur Förderung des linkshändigen Federballspiels im Voralpengebiet bei Föhnlagen« ausgeschlossen worden und ist nun, ohne persönlichen Bezug zum militärischen Tiefflug, ganz einfach auf der verzweifelten Suche nach einer vereinsmäßig neuen Heimat. Er erweist sich als vereinsrechtlich beschlagen und droht nun damit, ohne einen umgehend gewählten ersten, zweiten, dritten usw. Vorstand wäre der gerade erst sich konstituierende Verein sowohl führungslos als auch handlungsunfähig und müsse demzufolge zunächst einmal seine eigene Auflösung beziehungsweise Nichtexistenz beschließen.

Spätestens hier werden alle Gründungsmitglieder hellhörig, und einer schlägt, wenn es denn schon sein muß, in höchster Verzweiflung, aber zielsicher und -bewußt, aus der Mitte der Anwesenden ausgerechnet den vor, den er für den allergrößten Dummkopf hält. Die Versammlung, die diese Einschätzung des Kandidaten durchaus teilt, stimmt dem Vorschlag begeistert zu und wählt dann den Trottel auch noch nahezu einstimmig bei spärlichen Enthaltungen. Diese Wahl wird dann allgemein als äußerst glücklich empfunden und gepriesen, weil jeder sich ausrechnet, daß er in nächster Zeit durch geschicktes Intrigieren die Abwahl des gewählten 1. Vorsitzenden betreiben und dadurch sich selbst für diesen Posten nachhaltig profilieren und qualifizieren kann.

Da jedoch, wie schon erwähnt, nahezu alle Gründungsmitglieder diese Absicht in ihrem Inneren hegen, wird der gesamte Verein binnen kürzester Zeit von einer Welle gegenseitigen Mißtrauens überspült, aus welcher der gewissermaßen aus Versehen zum 1. Vorsitzenden gewählte Vereinsdepp als einzig unbelastete Integrationsfigur strahlend wie ein Leuchtturm herausragt, der dem Verein mit seinem Licht den Weg aus der Finsternis weist und demzufolge so lange immer wiedergewählt wird, bis seine Mitgliedschaft wegen Todes auch im Einklang mit der Vereinssatzung völlig legal endet. Der darauf folgende Diadochenstreit um die künftige Vereinsführung wird gewöhnlich als »Neuordnung von Grund auf« bezeichnet und endet dementsprechend meistens auch mit der Löschung des Vereins im Vereinsregister. Aber wir greifen den Ereignissen voraus, denn so weit ist es noch lange nicht.

Nach vollzogener und erfolgreicher Wahl des 1. Vorsitzenden ist der Bann gebrochen, denn für die nunmehr noch zu bestallenden Vereinsposten wird von Freund, Feind und Familie so ziemlich jeder vorgeschlagen, der sich bei der Gründungsversammlung in die Anwesenheitsliste eingetragen hat. Wer jetzt wen vorschlägt, wählt oder nicht wählt – die Dynamik dieses Wahlvorgangs prägt ganz entscheidend die Struktur und das künftige Klima im Verein. Jetzt und hier werden Feindschaften fürs Leben geschlossen, und das ist es, was den deutschen Verein erzieherisch so wertvoll macht: daß das Vereinsmitglied in zähnezusammenbeißender Solidarität auch zu seinem bestgehaßten Vereinskameraden steht, wenn es um die Sache des Vereins geht, und sei die auch nur die Freundschaft zum ungehinderten militärischen Tiefflug in Naherholungsgebieten...

Nach vollzogenem TOP 2 (Wahlen) werden unter TOP 3 noch ungeklärte organisatorische Fragen (Satzungsergänzungen usw.) behandelt. Unter TOP 4 (Verschiedenes) werden Details wie Vereinslokal, Vereinsfarben, Vereinshymne, Vereinsfahne, Vereinsabzeichen, Vereinsehre, Vereinsausschluß etc. besprochen, und als TOP 5 (Wünsche und Anregungen) wird allgemein sowohl gewünscht als auch angeregt, man möge möglichst umgehend zum TOP 6 (geselliges Beisammensein, gemütlicher Teil, zwangloser Abschluß) übergehen.

Ist die Gründungsversammlung vollzogen und sind nach drei bis vier Tagen auch die Nachwehen des gemütlichen Teils abgeklungen, müssen die letzten Schritte zur Vereinsgründung unternommen werden:

1. die Anmeldung zur Eintragung beim Registergericht,
2. die Bekanntmachung der Eintragung in einer regionalen Tageszeitung und
3. die Beantragung des Gemeinnützigkeitsbescheids beim zuständigen Finanzamt.

Sind diese letzten Formalitäten vollzogen, so ist der Verein gegründet, hat durch den Zusatz »e.V.« (eingetragener Verein) seine Rechtsfähigkeit erlangt und kann seine Tätigkeit zum Wohle der Allgemeinheit aufnehmen.

Merke:

1. Im deutschen Verein macht die Vorstandswahl oft mehr Spaß als das gesellige Beisammensein.
2. Im deutschen Verein hat auch der größte Schwachkopf seine Chance, Leitfigur zu werden.
3. Im deutschen Verein hat ein Intelligenzler sowieso keine Zukunft. (Siehe Kasten auf Seite 49.)

Warnung!

Wie zu Beginn des vorliegenden Büchleins ausgeführt wurde, ist es der *Deutsche* Verein, der vom Untergang bedroht ist und somit auf der sogenannten »Roten Liste« der aussterbenden Arten zu finden ist. Wer also dem deutschen Verein dadurch helfen will, daß er einem oder mehreren solchen beitritt, sollte bei der Auswahl sehr umsichtig vorgehen und darauf achten, daß es sich wirklich um einen deutschen und nicht um einen undeutschen oder gar antideutschen Verein handelt. Wer einem solchen seine Mitgliedschaft anträgt, leistet dem deutschen Vereinswesen keine Hilfestellung, sondern ganz im Gegenteil einen Bärendienst, indem er es in ganz erheblichem Maße schwächt.
(Beispiele: Organisationen wie »amnesty international«, »Greenpeace«, »Robin Wood«, »World Wildlife Fund« sind – wie schon die Namensgebung ausweist – keine deutschen Vereine und müssen demzufolge auch nicht gerettet werden.)

IV. Das Vereinsleben

Satzung, Vorstand sowie Geschäfts- und Versammlungsordnung (siehe Kasten auf Seite 51) eines Vereins bilden
sein Gerüst, das als solches aber noch keinen vitalen Beitrag zur Verbesserung oder Erweiterung des deutschen
Vereinsspektrums liefert. Vielmehr muß dieses Gerüst
nun auch mit prallem Leben erfüllt werden, damit sich
der Verein nutzbringend, befruchtend und segensreich
ins bundesdeutsche Verbandsmosaik einfügt – mit anderen Worten: Jeder Verein, mag er noch so gut und ehrlich
gemeint sein, ist ohne ein entsprechendes Vereinsleben
mausetot.

Das Vereinsleben zerfällt im wesentlichen in zwei Teile:

1. das offizielle Vereinsleben, das vom Vereinsziel und
   den damit verbundenen Aktivitäten sowie von der Satzung bestimmt wird, und

2. das inoffizielle Vereinsleben, das auch in die private
   Sphäre der Vereinsmitglieder hineinspielt und von
   deren persönlicher Hingabe an den Verein mitgetra-
   gen wird.

1. Das offizielle Vereinsleben

Das offizielle Vereinsleben entbehrt zwar nicht einer gewissen Komik, doch wird dieselbe von den meisten Mitgliedern tunlichst verdrängt, wodurch dieser Teil des
Vereinslebens einen trockenen, häufig ernsten und gelegentlich sogar feierlichen Anstrich bekommt. Hier ist,

Unter »Geschäftsordnung« wird die Gesamtheit der Regeln verstanden, nach denen ein Verein, eine Gesellschaft oder eine Versammlung ihre Geschäfte führen. Sie regelt das Verfahren bei Beratungen, Abstimmungen und Wahlen. Eine Wortmeldung »zur Geschäftsordnung« unterbricht die Rednerliste zur Tagesordnung und kann bei geschickter Handhabung dieses Instrumentariums zur Totalmanipulation einer Versammlung, zu wüsten Beschimpfungen, zum Bruch lebenslanger Freundschaften und gelegentlich sogar zu Morddrohungen führen.

mit anderen Worten, von »Leben« im Sinne von freudiger Umtriebigkeit, fröhlicher Ausgelassenheit und quikkem Übermut noch nichts zu verspüren, werden die in Frage kommenden Rituale doch von der Satzung und dem Bürgerlichen Gesetzbuch vorgeschrieben. Der Leser möge darum auch verzeihen, wenn die folgenden Ausführungen einer gewissen vergnüglichen Würze entbehren, doch sind sie auch in dieser etwas saftlosen Form zum tieferen Verständnis der Materie leider unumgänglich.

Der wichtigste Bestandteil des offiziellen Vereinsleben ist die Mitgliederversammlung, die wiederum sein kann

a) eine ordentliche und

b) eine außerordentliche.

Die Mitgliederversammlung – ob ordentlich oder außerordentlich – entscheidet über die folgenden Angelegenheiten, wobei jedes Mitglied eine Stimme hat:

Wahl, Abberufung und Entlastung des Vorstandes,
Beschlußfassung über Satzungsänderungen,
Ernennung von Ehrenmitgliedern,
weitere Aufgaben, soweit dies aus der Satzung oder nach
Gesetz sich ergibt,
Beschlußfassung über die Auflösung des Vereins.

Eine ordentliche Mitgliederversammlung (auch: Haupt-
oder Jahreshauptversammlung) sollte mindestens einmal
im Jahr routinemäßig stattfinden, während die außerordentliche Variante dann einzuberufen ist, wenn mindestens ein Drittel der Mitglieder dies unter schriftlicher
Angabe der Gründe verlangen.

Es ist ein Trugschluß, daß es auf außerordentlichen Mitgliederversammlungen weniger ordentlich zugeht als auf
den ordentlichen, jedoch führt der Umstand, daß zur
Einberufung einer außerordentlichen Mitgliederversammlung meist auch ein außerordentlicher Anlaß vor-
liegt, gelegentlich zu gewissen Unordentlichkeiten in der
Argumentation, in der Rednerliste und in der anschließenden Abstimmung.

Szenario einer ordentlichen Hauptversammlung

Die ordentliche Hauptversammlung findet, wie schon erwähnt, im Normalfalle einmal im Jahr statt, und die Mitglieder werden zu ihr unter Vorlegung der Tagesordnung
schriftlich eingeladen. Eine ordentliche Hauptversammlung weist üblicherweise die folgenden Tagesordnungspunkte auf:

1. »Begrüßung«. Die Begrüßung ist einer der wichtigsten Bestandteile der Mitgliederversammlung, hängt doch von einer mißglückten Bewillkommnung der Teilnehmer oft auch das Mißlingen der ganzen Veranstaltung ab. Ein vergessener Name, eine Verwechslung, ein falscher Titel oder eine verkehrte Reihenfolge der namentlich zu begrüßenden Mitglieder und Gäste (Bürgermeister, Landrat, Pfarrer, Vertreter des regionalen oder überregionalen Dachverbandes, diverse Gattinnen) kann oft das ganze Versammlungsklima ungünstig beeinflussen – ja es soll sogar vorkommen, daß ein Begrüßungsfauxpas umgehend zum Antrag auf Einberufung einer außerordentlichen Mitgliederversammlung zwecks Abwahl des Begrüßenden führt. (Auf eine einwandfreie Begrüßung ist auch deshalb ganz besonders zu achten, weil die Mitglieder zu Beginn der Versammlung noch munter, ausgeruht und aufmerksam den Ereignissen folgen und noch nicht von den übrigen Tagesordnungspunkten eingeschläfert sind.) Ist die Begrüßung erfolgreich und zur allgemeinen Zufriedenheit verlaufen, folgt der

2. »Jahresbericht des 1. Vorsitzenden«. Der 1. Vorsitzende berichtet darin, daß seit der letzten Mitgliederhauptversammlung schon wieder ein Jahr vergangen ist und daß man sich wieder 365 Tage lang (resp. 366 in Schaltjahren) mit voller Kraft den Zielen des Vereins entgegengestemmt hat, so daß man denselben erneut keinen Schritt näher gekommen ist, weshalb man sich in den kommenden 365 Tagen (resp. 366 in Schaltjahren) mit doppelter Kraft... und so weiter oder so ähnlich.

Auf den Jahresbericht des 1. Vorsitzenden (Dauer: bis zu 60 Minuten) folgen die

3.–7. »Berichte der einzelnen Abteilungen« des Vereins (z.B. der Jugendabteilung eines Sportvereins, der Sparte Seniorenpetting der geselligen Vereinigung »Allotria«, der Saucengruppe des »Clubs kochender Gynäkologen« und ähnlicher Untergruppierungen von ähnlichen Vereinen). Diese Berichte zeichnen sich nicht nur durch Langatmigkeit aus, sondern vor allem auch dadurch, daß sie die Mitglieder der anderen Abteilungen nicht im mindesten interessieren. Sie werden darum von diesen auch mit Vorliebe zur Einlegung einer kleinen Schlafpause benützt, die auch durch die nun folgenden Tagesordnungspunkte

8. »Kassenbericht« und

9. »Bericht des Kassenprüfers«
nicht unterbrochen wird. Im Kassenbericht vermeldet der Schatzmeister, daß der Verein im abgelaufenen Geschäftsjahr erstmals schwarze Zahlen hätte schreiben können, wenn die dazu erforderliche schwarze Tinte vorhanden gewesen wäre. Die Anschaffung derselben habe leider dazu geführt, daß der Verein nun doch wieder in die roten Zahlen gekommen sei. Der Bericht des Kassenprüfers bestätigt diesen Vorgang vollinhaltlich und schließt damit, daß an der Kassenführung auch diesmal nicht das Geringste zu ändern... Pardon: zu beanstanden sei und man den Schatzmeister unbesorgt entlasten könne. Dem folgt als nächster Tagesordnungspunkt eine

10. »Aussprache über die Berichte«, die sich zeitlich in

engen Grenzen hält, da den Berichten sowieso kaum jemand zugehört hat wegen der schon erwähnten Schlummerpause, die aber nun allmählich und unter allgemeinem Gähnen zu Ende geht, weil sich der nächste Tagesordnungspunkt nähert:

11. »Ehrungen«, und weil natürlich jeder Angst hat, er könne eine ihn persönlich betreffende Ehrung verschlafen (Ehrenmitgliedschaft, Ehrennadel in Silber bzw. Gold, Ehrenfunktion, Ehrenpräsidentschaft, Ehrendoktor, Ehrendolch, Ehrengabe, Ehrenjungfrau, Ehrenkette, Ehrenpreis, Ehrenring, Ehrenrunde, Ehrensalve, Ehrenspielführer, Ehrenurkunde, Ehrenwort, Ehrengericht), kann dieser Tagesordnungspunkt wieder erhöhter allgemeiner Aufmerksamkeit sicher sein. Nachdem nahezu alle Anwesenden geehrt sind und wiederum keiner dem anderen seine Ehrung gönnt, wird der nächste Tagesordnungspunkt

12. »Anträge« dazu genutzt, für einen gegenseitigen Austausch allgemeiner Unzufriedenheit die Toiletten aufzusuchen. Die Zahl der vorgebrachten Anträge hält sich daher in Grenzen, und jeder Antrag wird abschließend einstimmig angenommen, weil die langsam wieder aus den Toiletten hereintröpfelnden Mitglieder annehmen, es werde schon über den nächsten Tagesordnungspunkt abgestimmt, die

13. »Entlastung des Vorstandes«. Die Entlastung des Vorstandes hat nicht etwa den Zweck, diesem die Last der Vorstandschaft von den Schultern zu nehmen, sondern sie ihm ganz im Gegenteil für ein weiteres Jahr aufzubürden, was bereits im nächsten Tagesordnungspunkt geschieht, den

14. »Neuwahlen«. Neuwahlen bedeuten bei Jahreshauptversammlungen gewöhnlich Wiederwahlen. Voraussetzungen für wirkliche Neuwahlen sind nämlich meistens Abwahlen, die normalerweise bloß bei außerordentlichen Mitgliederversammlungen stattfinden.
    Nach den Neuwahlen (Wiederwahlen) bedanken sich die neugewählten (wiedergewählten) Vorstandsmitglieder für den wieder so eindrucksvollen Vertrauensbeweis durch die Mitgliederschaft und leiten über zum Tagesordnungspunkt

15. »Vorschau auf das neue Vereinsjahr«. Diese Vorschau entspricht inhaltlich ziemlich deckungsgleich dem Rückblick auf das vergangene Vereinsjahr, nur wird sie nicht wie dieser im Perfekt, sondern im Futurum vorgebracht. Den nächsten Tagesordnungspunkt

16. »Verschiedenes« liest der leicht kurzsichtige Versammlungsleiter falsch ab und gedenkt der verstorbenen Mitglieder, was als willkommener Anlaß genommen wird, den ernsten Teil der Versammlung abzuschließen und zum gemütlichen Beisammensein überzugehen. (Siehe Kasten auf Seite 57.)

Und damit wären wir auch schon beim zweiten, nämlich beim inoffiziellen Aspekt des Vereinslebens.
(Weitere Bestandteile des offiziellen Vereinslebens sind ja wohl allgemein bekannt und bedürfen keiner weiteren ausführlichen Erörterung, so daß es genügt, hier nur die wichtigsten aufzuführen:

Teilnahme einer Vereinsdelegation an Hochzeiten, Beerdigungen und Trauerfeiern,

Unter TOP »Verschiedenes« wird gelegentlich von Vereinsmitgliedern Klage geführt wegen mangelnder Aktivitäten des Vereins im Hinblick auf das Vereinsziel. Solche Klagen können jedoch vom Vorstand meistens als unbegründet zurückgewiesen werden. So kann sich etwa der »Verein zur Erhaltung der letzten Leuchttürme im Bayerischen Wald von 1912 e.V.« mit Fug und Recht darauf berufen, daß seit seiner Gründung im Jahre 1912 im gesamten Bayerischen Wald auch nicht ein einziger Leuchtturm der Abrißbirne zum Opfer gefallen ist. Wer sonst könnte schon auf eine so stolze Erfolgsbilanz zurückblicken?

Anwesenheit bei staatlichen, kirchlichen und sportlichen Veranstaltungen,
Entsendung von Abordnungen zu Jubiläen, Fahnenweihen und sonstigen Festen befreundeter oder konkurrierender Vereine, wobei jedoch bei der Auswahl größte Sorgfalt zu obwalten hat, und so weiter und so weiter...)
(Siehe Kasten auf Seite 58.)

Merke:

1. Ohne ein Vereinsleben findet ein solches nicht statt.
2. Das Vereinsleben hat zum Ziel, daß sich die Mitglieder freudig zu ihm bekennen.
3. Das offizielle Vereinsleben ist dazu da, um möglichst zwanglos zum inoffiziellen überzuleiten.

Unter allen mit Vorsicht zu genießenden deutschen Vereinen spielt der in München-Schwabing ansässige »Letzte Verein gegen Vereins- und Gruppenbildung e. V.« eine besonders dubiose Rolle, führt er doch eine Säge als Vereinsabzeichen, mit welcher er an den Grundfesten deutscher Geselligkeit herumzuschneiden pflegt. Immerhin ist dem Anti-Club die Einsicht eigen, daß eine ernsthaft betriebene Abschaffung des Vereinswesens nur auf Vereinsebene möglich ist, was allerdings zu der Paradoxie führt, daß der »Letzte Verein gegen Vereins- und Gruppenbildung e. V.« sich streng genommen ständig selbst auflösen und immer wieder neu gründen müßte.

Die wenigen eingeschriebenen Mitglieder versuchen denn auch, diesen Widersinn durch fortwährenden Biergenuß in ihrem Vereinslokal »Säge« erfolglos zu ertränken.

2. Das inoffizielle Vereinsleben

Vorweg muß festgestellt werden, daß die folgenden Untersuchungen zur Anatomie des inoffiziellen Vereinslebens für den deutschen Norm-Verein gelten, also für den kleinen, überschaubaren Idealverein, dem die Geselligkeit eines seiner Hauptanliegen ist. Das hier zu schildernde inoffizielle Vereinsleben kann also sowohl in der »Gesellschaft zur Verbreitung des saitenverkehrten Violinspiels« stattfinden wie in der »Liga zur Kompostierung von Doppelwhoppern«, im »Club der Freunde des

Straßenfußballs« oder in der »Interessengemeinschaft Bodenhaltung von Jagdbombern«, nicht hingegen bei größeren Vereinigungen wie politischen Parteien, Gewerkschaften, Industrie- und Handelskammern oder anderen. Dort findet zwar meist etwas Ähnliches statt, dies jedoch in größerem Rahmen, mit entschieden mehr Stil und mit wesentlich ausgeprägterer Diskretion. Aber nun, wie gesagt, zurück zum deutschen Norm-Verein.

Dessen inoffizielles Vereinsleben, das sich an das offizielle anschließt, also hauptsächlich das gemütliche Beisammensein nach den Vereinsversammlungen, bezeichnen wir als »geschlossenes inoffizielles Vereinsleben«, da an ihm normalerweise fast ausnahmslos Vereinsmitglieder teilnehmen. Im Gegensatz dazu reden wir vom »offenen inoffiziellen Vereinsleben«, wenn daran auch vereinsexterne Elemente wie Familienmitglieder, Verwandte, Freunde und Gäste beteiligt sind.

Puristen unter den Vereinstheoretikern kennen und nennen zwar auch noch andere Varianten des inoffiziellen Vereinslebens, wie das

halboffene inoffizielle,
das offene halbinoffizielle und
das halboffene halbinoffizielle Vereinsleben.

Unter diese drei Gruppen fallen Anlässe und Veranstaltungen halboffenen und halbinoffiziellen Charakters wie Pokalturniere, Gauschießen, Bezirksmusikfeste, Oekumenische Gemeindekongresse, Kreisblumenbindermeisterschaften, Gebrauchshunderegionalmusterprüfungen, Landesprostituiertentagungen und Hengstkörungen, wobei wirklich nur noch der Insider in der Lage ist, Vermutungen darüber anzustellen, wo nun die Grenzen zwischen halb- und ganzoffen, ganz- und halbinoffiziell zu ziehen sein könnten. Darum wird auch an dieser Stelle nicht näher darauf eingegangen, weil eine derartig detailversessene Ausweitung des Untersuchungsgegenstandes »Vereinsleben« den hier vorgegebenen Rahmen unzulässig sprengen würde.

a) Das geschlossene inoffizielle Vereinsleben

Es besteht, wie schon erwähnt wurde, im wesentlichen aus dem gemütlichen beziehungsweise geselligen beziehungsweise zwanglosen Beisammensein, das im Anschluß an eine ordentliche oder außerordentliche Mitgliederversammlung stattzufinden pflegt und das – wenn man ehrlich ist – oft der eigentliche Grund und Anlaß für eine solche Versammlung ist. Verschiedenes, was unter dem letzten offiziellen Tagesordnungspunkt »Verschiedenes« nicht mehr offiziell behandelt werden konnte, gelangt jetzt inoffiziell und in kleineren und damit effektiveren Gesprächskreisen zur ausgiebigen Behandlung, etwa die Fragen,

ob zwischen dem ungeklärten Differenzbetrag von DM 14,72 in der Vereinskasse und der Tatsache, daß der Schatzmeister von einem unteren Mittelklassewagen auf einen solchen der oberen Mittelklasse umgestiegen ist, nicht doch ein geheimer Zusammenhang besteht, und

wie es sich erklären könnte, daß die Gattin des Schriftführers exakt neun Monate nach der Hochzeitsfeier des Jugendleiters niedergekommen ist, obwohl der Schriftführer damals auf einer mehrwöchigen Geschäftsreise im Fernen Osten weilte, und daß der Schriftführer infolge dieser Fernostreise die Tochter des 2. Vorsitzenden mit einer rätselhaften Krankheit beglückt hat, und

ob es stimmt, daß diese Beglückung in eben dem neuen Wagen der oberen Mittelklasse des Schatzmeisters anläßlich des letzten sommerlichen Grillfestes stattgefunden haben soll, und

wie sich daraus ein Zusammenhang mit dem Umstand konstruieren lassen könnte, daß der 2. Vorsitzende trotz des ungeklärten Defizits von DM 14,72 sich vehement für eine Entlastung und Wiederwahl des Schatzmeisters eingesetzt hat, obwohl dieser doch, wie zur Genüge bekannt...

An dieser Stelle verkündet der Wirt des Vereinslokals unwiderruflich die Polizeistunde und droht damit, daß im Falle der Nichteinhaltung derselben der Verein umgehend seines Vereinslokals verlustig gehen werde, womit einer weiteren Diskussion dieses überaus interessanten Gegenstandes die Basis entzogen ist und eine Weiterbehandlung auf unbestimmte Zeit vertagt werden muß.

Es ist genau dieser gemütliche, zwanglose und gesellige Teil des Vereinslebens, der sogar so theoriebefrachtete Vereine wie eine »Gesellschaft für sozio-somatische Strukturanalysen im interfraktionellen Bereich molekularer Tendenzökologien« trotz intellektueller Differenzen immer wieder existenzfähig erhält, weil im deutschen Verein, so staubtrocken seine Ziele auch sein mögen, doch immer wieder das zum Durchbruch und zur Geltung kommt, was ihn so liebens- und damit erhaltenswert macht: das deutsche Leben, wie es leibt und lebt.

b) Das offene inoffizielle Vereinsleben

Hat schon, wie wir gelesen haben, das geschlossene inoffizielle Vereinsleben oft kaum mehr einen Bezug zum ursprünglichen Vereinsziel, so hat das offene mit diesem gewöhnlich überhaupt nichts mehr zu tun, es sei denn, Sinn und Zweck des betreffenden Vereins wären einzig und allein auf nichts anderes ausgerichtet als auf die geordnete Abhaltung von Festivitäten.

(Beispiele für solche primär sinnlichkeitsbezogene Vereine gibt es zur Genüge: Vater- und Muttertagsvereine, Maibaumvereine, Geburtstagsvereine, Kirchweihvereine, Silvestervereine, Frühschoppenvereine und viele andere. Entgegen einem landläufigen Vorurteil jedoch gehören Karnevals-, Fastnachts-, Fastelovends-, Faschings- und Kappenvereine nicht in diese Kategorie, da ihre Veranstaltungen – ausgenommen die Aschermittwochsfischessen, die von einer großen Erleichterung wegen der endlich überstandenen Kampagne zeugen – stets einen ernsten, gemessen-feierlichen und absolut humorlosen Anstrich haben, also eher dem offiziellen Vereinsleben zuzuordnen sind.)

Das inoffizielle Vereinsleben in seiner geöffneten Form umfaßt – wie der Leser nun zu Recht vermuten wird – die großen Bereiche Geselligkeit, Vergnügen, Gaudi, Frohsinn und Belustigung mit den Unterabteilungen Humor und Heiterkeit, Spaß und Spiel, Jux und Dollerei, Essen und Trinken, Leben und Lebenlassen, Lust und Liebe, Knatsch und Tratsch, Verleumdung, üble Nachrede, Eifersucht, Schlamassel und vereinsinterne (auch: innervereinliche) Sexualität.

Das offene inoffizielle Vereinsleben zieht sich mehr oder

weniger zäh über das ganze Jahr hin und folgt dem Verlauf des Kalenders nach mehr oder weniger strengen Regeln:

Neujahrsprosten, Dreikönigssüffeln, Vereinsfasching, Kehraus, Fischessen, Fastentrinken, Frühlingsanzechen, Ostertanz, Maibowle, Himmelfahrtsausflug, Pfingstpicheln, Fronleichnamsschoppen, Deutsche-Einheit-Kübeln (17. Juni), Sommersonnwendschnapseln, Kinderfestgluckern, Julitanz, Grillfest, Venezianische Nacht, Spießbratenspülen, Sommerschlußzischen, Erntedankfrühschoppen, Kirchweihgansessen, Reformationsfete, Volkstrauertrunk, Buß-und-Bet-Bier, Totensonntagsheuriger, Adventstrinken, Weihnachtsfeier, und dann, nach einer besinnlichen Pause während der sogenannten stillen Tage (in Bayern auch: staade Zeit) wieder das Ganze von vorne.

Der begrenzte Raum verbietet es, jeden einzelnen dieser geselligen Anlässe eigens zu würdigen und genauer unter die Lupe zu nehmen, zumal alljährlich noch mindestens ein Kegelausflug, eine Städtereise (bevorzugte Ziele: Wien, Venedig, Paris) und eine Fahrt ins Blaue das Veranstaltungsprogramm kulturell abzurunden pflegen.

Zwei Höhepunkte aber, von denen jeder deutsche Verein alljährlich immer wieder heimgesucht wird und denen sich kein Vereinsmitglied je wird entziehen können, sollen hier, um das offene und inoffizielle deutsche Vereinsleben unverblümt zu charakterisieren, stellvertretend für alle anderen Ereignisse des Vereinsjahres in ihrem Ablauf genauer und ausführlicher geschildert werden: die Fahrt ins Blaue und die Weihnachtsfeier.

findet üblicherweise an einem neblig-grauen oder regenverhangenen Tag statt, was jedoch nicht weiter als störend empfunden wird, da die Fahrtzielbezeichnung »ins Blaue« von den Vereinsmitgliedern meist in einem ganz anderen Sinne interpretiert zu werden pflegt. Ein etwas kühlerer Witterungsablauf kommt dieser Interpretation allein schon dadurch entgegen, daß man zu Beginn der Fahrt »einen zum Aufwärmen« zu sich nehmen kann. Aus diesem Grunde findet die Fahrt ins Blaue auch meistens in einem Omnibus statt, um das Führerscheinverlustrisiko auf eine einzige Person, nämlich den Busfahrer, zu reduzieren.

Dennoch ist bei der Fahrt ins Blaue zunächst das Rätselraten über das Fahrtziel der wesentlichste Gesprächsstoff. Die Fahrt ins Blaue nämlich hat ihren Ausgangspunkt naturgemäß am Sitz des Vereins. Durch bestimmte Rituale, die unterwegs vorgenommen werden, wie: Frühschoppen, Mittagsrast, Nachmittagskaffee und diverse Pinkelpausen ist jedoch die Entfernung vom Ausgangspunkt zum spätnachmittäglichen Endziel einigermaßen abschätzbar. Es ist somit ein gewisser Umkreis vorgegeben, auf dem die in Frage kommenden Fahrtziele liegen könnten, und alle diese Fahrtziele sind von vorhergehenden Fahrten ins Blaue bekannt.

Das Rätselraten über den möglichen Endpunkt der Fahrt ins Blaue beschränkt sich also zunächst im wesentlichen darauf, ob es wieder

zu dem Waldcafé geht, wo die (inzwischen geschiedene) Gattin des 1. Vorsitzenden diesen mit der Dame vom Kuchenbuffet auf der Kühltruhe in flagranti erwischt hatte, oder zu der Fernfahrerraststätte, wo sich der Jugendleiter und seine damalige Braut einmal in eine Lastwagenkoje zurückgezogen hatten und sich am nächsten Tag auf der Autostrada del Sol nach einer Rückreisemöglichkeit hatten umsehen müssen,

oder zu dem Gasthof mit Metzgerei, wo dem Vizepräsidenten bei der Schlachtschüssel die Blutwurst in den Ausschnitt seiner Gattin gehüpft war,

oder zu dem Ausflugslokal, wo es vor drei Jahren nichts mehr zu essen gab, weil der Wirt aus Versehen außerdem auch noch den Betriebsausflug des Volkswagenwerks angenommen hatte,

oder in die Waldwirtschaft, wo sich der Verein einmal mit einem »Gesellenverein der Grob- und Kunstschmiede e.V.« eine blutige Maßkrugschlacht geliefert hatte,

oder in diese miese Bauernkneipe mit dem hervorragenden selbstgebrannten Obstler, der damals zur Abwahl des seinerzeitigen 2. Vorsitzenden geführt hatte...

Nach den ersten paar Kilometern stellt es sich heraus, daß alle weiteren Mutmaßungen über das Fahrtziel müßig sind, weil nun endgültig klar ist, daß es nur zu dem Strandcafé an dem kleinen Badesee gehen kann, wo vor vier Jahren wegen fehlender Badebekleidung erst nach Einbruch der Dunkelheit geschwommen werden konnte, und das auch erst, nachdem der Sportwart eine allgemeine gemischtgeschlechtliche Rettungsübung mit Unterfassen und anschließender Mund-zu-Mund-Beatmung hatte vornehmen lassen.

Nachdem nun also das Endziel der Fahrt ins Blaue

durchschaut ist, kann man sich wieder wichtigeren The-
men zuwenden: nämlich dem nach wie vor ungeklärten
Zusammenhang zwischen dem Differenzbetrag von
DM 14,72 in der Vereinskasse und der trotzdem auf
Empfehlung des 2. Vorsitzenden vorgenommenen Wiederwahl des Schatzmeisters, obwohl doch in dessen nagelneuem (!) Wagen der oberen Mittelklasse der frisch
von einer Geschäftsreise nach Fernost zurückgekehrte
Schatzmeister mit der Tochter dieses 2. Vorsitzenden
nicht nur Körperflüssigkeiten, sondern damit auch eine
rätselhafte Krankheit ausgetauscht hat, nachdem seine
Gattin während dieser Fernostreise offensichtlich anläßlich der Hochzeit des Jugendleiters geschwängert worden
war...

All diese Fragen sind noch immer ungelöst, als das Ziel
der Fahrt ins Blaue endlich erreicht wird. Entgegen der
allgemeinen Annahme handelt es sich nun doch nicht um
das Strandcafé an dem kleinen Badesee mit der ge-
mischtgeschlechtlichen Rettungsübung, vielmehr hat
die für die »Fahrt-ins-Blaue«-Planung verantwortliche
Schwiegermutter des Ehrenpräsidenten offensichtlich
die vielversprechende Anzeige eines neuen, modernen,
mitten im Wald gelegenen Hauses mißverstanden und
sich von den vollmundigen Verheißungen einer wohltu-
enden Entspannung, einer tropischen Atmosphäre, eines
weitestgehend entgegenkommenden Personals und eines ungewöhnlich freundlichen Service einen nachhaltigen körperertüchtigenden Effekt der diesjährigen Fahrt
ins Blaue versprochen – also genau das Gegenteil zu den
sonst üblichen Saufereien und Schweinigeleien.

Mit anderen Worten: Bei dem einsam im Wald gelegenen renommierten Haus handelt es sich um ein Etablis-

sement sowohl der übelsten, als auch der kostspieligsten Sorte, das zudem zwar nicht dem ins Blaue angereisten Verein als Ganzem, so doch dessen weiblichem Anhang den Zutritt energisch verwehrt.

Eine umgehende Weiterfahrt zu einem anderen, improvisierten Ziel scheitert daran, daß der aus Ersparnisgründen »ohne Anhang« verpflichtete Busfahrer unter dem Vorwand, einmal austreten zu müssen, in dem Etablissement verschwindet und zwei Stunden später unter Zuhilfenahme der Vereinskasse aus demselben widerwillig ausgelöst werden muß, damit den mittlerweile gut durchgefrorenen Vereinsmitgliedern die Heimfahrt ermöglicht werden kann.

Es wird sich später in der Vereinschronik der übliche nichtssagende Hinweis finden, die Fahrt ins Blaue des Jahres 19... sei, wie man es ja schließlich gewohnt sei, wieder ein voller Erfolg gewesen.

DIE WEIHNACHTSFEIER

muß spätestens dann geplant und terminiert werden, wenn in den Medien die ersten diskreten Hinweise darauf erscheinen, daß die Zeit bis zum Fest nur noch befristet ist, also tunlichst gegen Ende der Großen Ferien. Der schon erwähnte bedauerliche Mangel nicht nur an Vereinslokalen, sondern an geeigneten Gasträumen überhaupt läßt nämlich bereits ab Ende Oktober einen Weihnachtsfeierstau entstehen, der schon manch nachlässigen Vereinsvorstand dazu gezwungen hat (denn nach dem 6. Januar schwingt ja bereits Prinz Karneval wieder sein närrisches Zepter!), die Vereinsweihnachtsfeier in die dafür natürlich denkbar ungeeignete Fastenzeit zu verlegen, was der weihnachtlichen Stimmung verständlicherweise gehörigen Abbruch tut.

Eine ordnungsgemäß anberaumte Weihnachtsfeier findet also sicherheitshalber bereits im frühen Spätherbst statt. Die Vorbereitungen beginnen am Nachmittag damit, daß die Damen des Vereins mit den in den letzten Tagen verfertigten Weihnachtsleckereien anrücken und nach gründlichem, ausführlich besprochenem Probieren die Reste derselben auf den verschiedenen Tischen gefällig drapieren, während der Schatzmeister und seine Gattin sich bemühen, die von den Mitgliedern gestifteten Sachspenden so gleichmäßig auf die Zweige des Vereins-Weihnachtsbaumes zu verteilen, daß es später bei der Christbaumversteigerung nicht zu größeren Ungerechtigkeiten kommt.

Begleitet wird das Ganze von einem rhythmischen Klangmischmasch aus Modern Talking, Franzl Lang, Marschweisen, Wanderliedern, Berliner Luft Luft Luft, Harry Belafonte und anderen lustigen Musikanten, weil die halbwüchsige Tochter des für die Beschallung zuständigen Musikwarts wieder einmal alle Kassetten durcheinandergebracht hat und das Weihnachtsband aus diesem Chaos erst mühsam herausgefiltert werden muß.

Nach Einbruch der Dunkelheit finden sich dann die ersten festlich gewandeten Mitglieder ein, und etwa eine Stunde später ist der Verein vollzählig versammelt, bis auf den für die Öffentlichkeitsarbeit verantwortlichen Pressewart, der sich von seiner Gattin wegen einer bedauerlichen Unpäßlichkeit entschuldigen läßt.

Da die Weihnachtsliederkassette immer noch nicht wieder aufgetaucht ist und mit ihrem Erscheinen auch nicht mehr gerechnet werden kann, hat man sich zu einer Notlösung entschlossen und läßt vom Band abwechselnd zwei Weisen erschallen, die als zumindest bedingt weihnachtstauglich gelten, nämlich »Hohe Tannen« von Heino und das »Ave Maria« von Gounod.

Nachdem dann jeder sein Getränk vor sich stehen hat, klopft der 1. Vorsitzende mit seinem Einwegfeuerzeug ans Bierglas, erhebt sich und hält seine immer wieder mit Spannung erwartete Rede, ob nämlich der Wortlaut auch diesmal wieder der nämliche sein wird wie im letzten Jahr. Er ist es, was besonders die älteren Vereinsmitglieder bestätigen, die im übrigen bezeugen können, daß der jetzige 1. Vorsitzende die Weihnachtsansprache ziemlich unverändert von seinem Vorgänger übernommen hat.

Nach der Rede werden ein paar Mitglieder wegen langjähriger Mitgliedschaft (ab zehn Jahre), wegen besonderer Verdienste (ab DM 100,–) oder auch nur deshalb geehrt, weil sie schon längere Zeit nicht mehr geehrt worden waren.

Nachdem dann wieder jeder sein zweites Getränk vor sich stehen hat, entzündet der Wirt durch einen Knopfdruck feierlich den Weihnachtsbaum, löscht das übrige Licht, und die Vereinscombo intoniert, gedämpft und zurückhaltend, die »Stille Nacht«, während der auch altgediente und hartgesottene Vereinsintriganten sich ihrer Tränen nicht schämen.

Der allgemeinen Ergriffenheit wird durch ein heftiges Pochen ein Ende gesetzt, woraufhin ein weißbärtiger Bischof erscheint und von sich behauptet, von drauß vom Walde käm er her, obwohl jeder Anwesende an dem leichten bischöflichen S-Fehler erkennt, daß es sich um den angeblich unpäßlichen Pressewart handelt. Nachdem sich diese Erkenntnis unter allgemeinem Jubel ausgebreitet hat, zückt der also Vermummte sein goldenes Buch und bedenkt hinfort mindestens eine Stunde lang den gesamten Verein, Mitglied für Mitglied, so gnadenlos mit miserabel gereimten Knittelversen, daß der Weihnachtsbaum vor Schreck abzunadeln beginnt. Da zudem aus der Küche die frohe Botschaft eintrifft, das Essen sei fertig, wird den Ausführungen des Weihnachtsmannes keine besondere Aufmerksamkeit mehr zuteil, so daß dieser den Rest seines Elaborats nun beschleunigt herunterhaspelt, um nur ja rechtzeitig zum weihnachtlichen Mahl aus dem sowieso lästigen Bischofsgewand aussteigen zu können.

Geschirr- und Besteckgeklapper mischt sich nun mit den weihnachtlichen Rhythmen der Vereinscombo (von »White Christmas« über das entsprungene Ros zu »Heidschi bumbeidschi«) und dem Duft von Schweinebraten und Rotkohl, was dem gemeinsamen Mahl ein gewisses andächtiges Flair verleiht.

Nach einer etwa halbstündigen Pause zum Verdauen, Füßevertreten, Gedankenaustausch und Abhören der Bundesliga-Ergebnisse erreicht die Feier ihren weihnachtlichen Höhepunkt: die Christbaumversteigerung. Dieselbe dient erstens der allgemeinen Eskalation der Stimmung und zweitens einem guten Zweck, nämlich der Finanzierung der nächstjährigen Fahrt ins Blaue.

Potente Vereinsmitglieder, vornehmlich also die Geschäftsleute unter ihnen, haben ihren Warenbeständen das entnommen, was sie für entbehrlich hielten, und als Christbaumzierat zur Verfügung gestellt. So biegen sich nun also die Zweige des Vereins-Weihnachtsbaumes unter der süßen Last von Rollschinken, Sonnenbrillen, Deospraydosen, Dauerbrezeln, Schokoriegeln, Flachmännern, Swatch-Uhren, Lachsäcken, Samentütchen, Rasierpinseln, Rollfilmen, T-Shirts, Lippenstiften, Taschenrechnern, Kugelschreibern, Kartenspielen, Dusch- und Badegels, Topfreinigern und ähnlichem Zivilisationsplunder, der durch einige hübsch eingewickelte Überraschungspäckchen ergänzt wird.

Der normale deutsche Vereins-Christbaum wird von unten nach oben versteigert, indem der Auktionator (zweckmäßigerweise der Schatzmeister) mit einer Handstichsäge Ast um Ast absägt und um mindestens zehn Gebote bittet. Weil sich angesichts des guten Zweckes wie auch der fortgeschrittenen Stimmung niemand des Geizes zeihen lassen will, werden für die Zweige nebst Anhang natürlich Überpreise geboten und bezahlt, aber darüber hinaus gebieten es Ehre und Anstand, daß derjenige, der den Zuschlag erhält, den soeben ersteigerten Zweig nach Entnahme eines der daran hängenden Gegenstände umgehend zur erneuten Versteigerung zurückgibt. Auf diese Weise entwickelt sich die Christbaumversteigerung zu einem abendfüllenden Ereignis, das seinen Höhepunkt kurz vor Mitternacht erreicht, wenn der Gipfel des Baumes zum Aufruf gelangt, der traditionsgemäß vom Wirt des Vereinslokals mit einem Prachtexemplar von Dauerwurst behangen wurde. Nach sechs- bis siebenmaliger Versteigerung des Gipfels wird derselbe nebst Dauerwurst vom Wirt endgültig zurückersteigert, weil letztere für den Rest der Saison noch bei weiteren Weihnachtsfeiern Verwendung zu finden hat, wodurch die Frage nach der Herkunft des Begriffs »Dauerwurst« ein für allemal beantwortet ist.

Eine leichte Trübung der kurz vor dem Überschwappen befindlichen Stimmung stellt sich ein, als der Schriftführer ein von ihm ersteigertes Überraschungspäckchen enthäutet, dessen Inhalt sich als ein Dreierpack Kondome (glatt-weiß, orange-genoppt, blau mit Reserve und Pflaumengeschmack) entpuppt.

Die allgemeine gute Laune sinkt noch etwas mehr, als sich durch einen Geschenkpapier-Vergleich erweist, daß dieses Überraschungspäckchen von der Gattin des Schatzmeisters eingeschmuggelt wurde, in dessen nagelneuem Pkw der oberen Mittelklasse die Tochter des 2. Vorsitzenden bekanntlich...

Durch die augenblickliche Ohnmacht besagter Tochter auf Grund dieser Enthüllung tritt zwar später zutage, daß es sich bei der rätselhaften Krankheit um eine ganz normale Schwangerschaft handelt...

Aber in Unkenntnis dessen droht der 2. Vorsitzende nun mit einer restlosen Aufdeckung aller Verfehlungen, die der Schatzmeister selbst mit der Braut des Jugendleiters in seinem Wagen der damals noch unteren Mittelklasse...

Und außerdem, behauptet die Schwiegermutter des 1. Vorsitzenden, sei der Bruder des 2. Vorsitzenden stiller Teilhaber des verrufenen Etablissements, das doch wohl nicht rein zufällig als Ziel der letzten Fahrt ins Blaue ausersehen war...

Der Jugendleiter zerlegt vorbeugend einen Stuhl und zerfetzt beim Probeschwingen des Stuhlbeins das Transparent »...und Friede auf Erden...«, und bevor der Wirt sich endgültig entschließt, die Polizei zu verständigen, versorgt er noch rasch die zurückersteigerte Dauerwurst im Kühlschrank und hält seine Bedienungen flehentlich zu beschleunigtem Kassieren an.

In der Vereinschronik wird diese Weihnachtsfeier totgeschwiegen werden. Der Verein kommt zwar um seine Auflösung gerade noch mal herum, doch wird zu diesem Zweck eine winzige Ergänzung der Satzung erforderlich sein:

»Neben ordentlichen und außerordentlichen Versammlungen finden keine geselligen Veranstaltungen mehr statt.«

Merke:

1. Das inoffizielle Vereinsleben ist den hochsensiblen Bereichen zwischenmenschlichen Verhaltens zuzuordnen.
2. Fahrten ins Blaue und Weihnachtsfeiern stellen für einen Verein die ärgsten Belastungsproben dar.
3. Ungezügeltes inoffizielles Vereinsleben führt oft zum offiziellen Vereinstod.

V. Wie endet ein Verein?

Der gewaltsame Exitus eines Vereins infolge eines heftigen Streits unter den Mitgliedern (oft nach der Weihnachtsfeier oder nach der Fahrt ins Blaue) ist natürlich die unerfreulichste Form des Vereinsablebens, wenn auch auf der anderen Seite (vgl. Friedrich von Schiller: »...und neues Leben blüht aus den Ruinen...«) damit gerechnet werden muß, daß sich aus den Vereinstrümmern mindestens eine neue Gruppierung strahlend wie ein Phönix aus der Asche erhebt, so daß dem deutschen Vereinswesen insgesamt zumindest statistisch kein Nachteil erwächst.

Wir wollen keinem Verein solch ein gewaltsames »Ende mit Schrecken« wünschen, und so soll es mit dem bloßen Hinweis auf seine Möglichkeit auch sein Bewenden haben. Was die Details eines solchen Vereinstodes angeht, so wird lediglich dringend empfohlen, sich rechtzeitig mit einer entsprechenden Anzahl renommierter Rechtsanwälte ins Benehmen zu setzen, die aber tunlichst nicht Mitglieder des betroffenen Vereins noch mit solchen verwandt oder verschwägert sein sollten.

Die empfehlenswertere, also die sogenannte »nette Form«, in der sich die Liquidation eines Vereins üblicherweise vollziehen sollte, ist natürlich die reibungslose und unstreitige Auflösung im gegenseitigen Einvernehmen sämtlicher Mitglieder, das heißt durch möglichst einstimmigen Beschluß der Mitgliederversammlung.

Für einen solchen Beschluß kann es verschiedene Gründe geben:

1. Die Auflösung durch Umstände, die in der Satzung vorgesehen sind, etwa durch den Ablauf der Zeit, die für das Bestehen des Vereins vorgesehen war. Ein »Verein zur würdigen Begehung des 75. Jahrestages der Schlacht bei Tannenberg e.V.« beispielsweise wird nach dem Ablauf dieses 75. Jahrestages keine Existenzberechtigung mehr haben, es sei denn, er hielte diese durch eine Satzungsänderung aufrecht, mit deren Hilfe der 75. Jahrestag in einen 80. umgewandelt wird, um so dem Verein eine weitere fünfjährige Galgenfrist zu verschaffen.

2. Die Auflösung wegen Erfüllung des Vereinsziels. Eine solche wäre zum Beispiel bei einem »Verein zur Umsetzung der Cheops-Pyramide in den Unteren Hunsrück« dann gegeben, wenn es tatsächlich gelänge, die Cheops-Pyramide in den Unteren Hunsrück umzusetzen. In diesem Falle hätte der Verein natürlich sein Ziel erreicht und jeder Grund für ein Weiterbestehen wäre zwangsläufig entfallen, so daß notgedrungen eine Auflösung erfolgen müßte. Darum empfiehlt es sich für Vereine, die von vornherein auf eine längere Lebensdauer Wert legen, sich an einem Vereinsziel zu orientieren, das nicht so leicht zu erfüllen sein wird wie etwa die Umsetzung der Cheops-Pyramide in den Unteren Hunsrück (etwa »Verein zur Förderung der Gerechtigkeit in der deutschen Justiz«).

3. Die Auflösung infolge Wegfalls des Vereinszieles. Ein »Verein zur Erhaltung der Insel Sylt« muß sich naturgemäß dann auflösen, wenn besagte Insel Sylt in nicht allzuferner Zeit endgültig weggespült und Buhne 16 für immer der Sage angehörig sein wird: der Vereins-

zweck ist in einer solchen Situation weggefallen beziehungsweise besser gesagt fortgeschwemmt worden. Sollte der Verein dennoch Wert auf eine Weiterexistenz legen, so müßte er allenfalls seinen Namen ergänzen zu »Verein zur Erhaltung des Andenkens an die Insel Sylt«. (Zu 2. und 3. siehe Kasten auf Seite 77.)

4. Die Auflösung durch Wegfall der Mitglieder. Anstelle einer umständlichen theoretischen Erörterung sei zu diesem Punkt ein Eintrag im Vereinsregister des Münchner Amtsgerichts zitiert, der sich auf dem Karteiblatt einer »Aktion bewußter leben e. V.« findet: »Infolge Wegfalls sämtlicher Mitglieder ist der Verein erloschen.«

Merke:

1. Nicht nur Vereinsmitglieder sind sterblich, sondern leider auch Vereine.
2. Jeder Verein, der stirbt, hinterläßt eine Lücke, die ihn voll und ganz ersetzt.
3. Ein Verein, der zu seiner Auflösung nicht einmal mehr eine Mitgliederversammlung zusammenbringt, ist ein trauriger Verein.

Zwischen den Vereinsauflösungen 2 und 3 kann es zu Überschneidungen beziehungsweise zu Unklarheiten kommen. So gab es in den sechziger Jahren in der Bundesrepublik einen »Verein ›Rettet die Freiheit‹ e. V.«, der seinerzeit lautstark von sich hören machte, seit längerer Zeit aber so verstummt ist, daß getrost mit seinem Ableben gerechnet werden darf. Es wäre jedoch interessant zu wissen, welcher Grund für die vermutete Auflösung ausschlaggebend gewesen sein mag:

a) die Freiheit ist endgültig und unwiderruflich gerettet (Erfüllung des Vereinsziels als Auflösungsgrund)
b) die Freiheit ist sowieso nicht mehr zu retten (Wegfall des Vereinsziels als Auflösungsgrund)

Ähnliches gilt im übrigen für viele Vereine, die sich irgendeine Rettung aufs Panier geschrieben haben: Rettet den Riesling, die Rumba, den Brachvogel, das Pockenvirus, den Ackerschachtelhalm etc. etc.

DRITTER TEIL

I. Die Chance des deutschen Vereins

Was im Vorhergehenden über das Vereinsleben gesagt worden ist – über das offizielle wie über das inoffizielle –, müßte eigentlich für jeden aufrechten und anständigen deutschen Staatsbürger Ansporn und Reiz genug sein, sich umgehend in diese aufregende Sache hineinzustürzen. Denn wo sonst wird ihm alles das so konzentriert und komprimiert geboten, was das Leben lebenswert macht und was das deutsche Herz frohlocken und höher schlagen läßt: Bürokratismus, Organisationsfreude, Pedanterie, Papierkrieg, Indiskretion, Ränkespiele, Ehrentitel, Geselligkeit, Gesang, Humor, Frohsinn, Bier, Gemütlichkeit, Ringelpiez mit gelegentlichem Anfassen.

Darüber hinaus ist der Verein als organisierte Gemeinsamkeit ein demokratischer Mikrokosmos, ja man könnte ihn durchaus als das »Parlament des kleinen Mannes« bezeichnen, denn hier lernt letzterer die hauptsächlichen Verhaltensregeln für den gesellschaftlichen Alltag sowie die wichtigsten staatsbürgerlichen Verrichtungen, die in zwei große Gruppen zerfallen:

1. staatsbürgerliche Aktivitäten: mitdenken, mitmischen, mitreden, mithandeln, mitgestalten, mitnehmen –

2. staatsbürgerliche Passivitäten: mitlaufen, mitdürfen, mithelfen, im übrigen zuhören, Klappe halten, machen lassen.

Gerade in einer postindustriellen Gesellschaft, zu der wir uns ja immer deutlicher hinentwickeln, wird der Verein als kommunikatives Element mehr denn je gefragt sein, entfällt in dieser postindustriellen Gesellschaft doch die Geselligkeit am Arbeitsplatz, die Intrigiermöglichkeit auf der Verwaltungsebene, der Klatsch in der Kantine und die Fröhlichkeit auf dem Betriebsausflug.

Der Mensch von morgen wird zwar über seinen persönlichen Computer, seinen automatischen Anrufbeantworter und sein Btx-Gerät, über sein Bildtelefon und seinen Telefaxanschluß und über alles andere, was es auf dem Sektor der elektronischen Informatik noch gibt oder bald geben wird, mit der ganzen Welt verbunden sein – mit seinem Kaufmann um die Ecke genauso wie mit der Datenbank des Massachusetts Institute of Technology, der weltweit wohl größten Denkfabrik – aber was bringt ihm das an menschlicher Wärme? Nichts, und dabei hätte er doch diese Wärme in der Zukunft, die uns droht, so ganz besonders nötig.

Die Wissenschaftler prophezeien uns ja bekanntlich eine Überwärmung der Erdatmosphäre durch einen gewissen Treibhauseffekt, den sich die Menschheit durch leichtfertigen Umgang mit fossilen und anderen Energieträgern sowie durch Schaffung des sogenannten »Ozonlochs« selbst zuzuschreiben hat.

Daß es dem Individuum in einer derart überhitzten Atmosphäre an menschlicher Wärme mangelt, mag dann zwar als angenehmer Kühleffekt verstanden werden, aber da machen wir uns bloß etwas vor.

Denn wenn eines nicht allzufernen Tages die Polkappen schmelzen, die Weltmeere überlaufen und die Kontinente von ihren Rändern her in den Fluten versinken werden, dann heißt es für die Menschheit enger zusammenrücken, und das kann für sie nur bedeuten: sich organisieren auf Teufel komm raus, und welche Organisationsform böte sich da eher an als der deutsche Verein? Dem deutschen Verein ist also, nehmt alles nur in allem, trotz seiner gegenwärtigen Krise eine blühende Zukunft gewiß – ob er es will oder nicht. Und zwar global, so daß sich durchaus sagen läßt, am deutschen Vereinswesen werde in irgendeiner näheren oder ferneren Zukunft einmal die Welt genesen.

Merke:

1. Der deutsche Verein ist der Garant für eine gut funktionierende Demokratie.
2. Der deutsche Verein übernimmt mehr und mehr die Rolle der deutschen Firma.
3. Der deutsche Verein hilft zuverlässig gegen das Ozonloch.

II. Der Verein als demokratisches Grundmuster

Es ist bis hierher, und zwar der Anschaulichkeit und der Übersichtlichkeit halber, vom kleinen, überschaubaren deutschen Norm-Verein die Rede gewesen, wie er sich überall in deutschen Landen findet – als Schützen-, Gesangs-, Kleingarten-, Karnickelzüchter- oder Ballonfahrerverein, als Bridge-, Golf-, Automobil-, Wasserball- oder Lions-Club, als Ruder-, Mieter-, Bonsai- oder Tippgemeinschaft oder unter welch anderem Signum auch immer. All diese Vereine haben gemeinsam, daß sie an einem Ort beheimatet sind und einen begrenzten Wirkungskreis haben – der Lions-Club vielleicht ausgenommen.

So ist es verständlich, daß mit steigender Bevölkerungszahl auch die Vereinsdichte zunimmt: In Großstädten tummeln sich naturgemäß mehr Vereine als auf einem Dorf, oder – mathematisch ausgedrückt –: Die Zahl der Vereine ist der Zahl der Einwohner direkt proportional.

Von dieser Regel gibt es allerdings eine Ausnahme, und zwar die Stadt Bonn. In diesem doch eher kleinen und bescheidenen Gemeinwesen nämlich finden wir, außer den zahlreichen ganz normalen Vereinen und Verbindungen, allein fast 1500 Verbände und Körperschaften, die beim Deutschen Bundestag akkreditiert sind. Daß es sich dabei nicht um den bescheidenen deutschen Norm-Verein handelt, liegt auf der Hand, denn hier geht es um wichtigere und größere Interessen, und so reicht das Spektrum dieser Gruppierungen denn auch vom »Fachverband

Kartonverpackungen für flüssige Nahrungsmittel« über den »Bundesverband der Obstverschlußbrenner« bis zum »Arbeitskreis Duschabtrennungen«. (Siehe Kasten auf Seite 84/85.)

Diese Ballung von Verbänden nahe dem Zentrum politischer Macht beweist eindeutig, welch erfreulichen und positiven Beitrag das deutsche Vereinswesen zur politischen Willensbildung leistet und welch wesentlichen Anteil es an der Gestaltung unseres Staatswesens und an der Gesetzgebung hatte, hat und wohl auch immer wieder haben wird.

Und wie stände es um die Finanzierung unserer politischen Parteien, denen doch nur unser aller Wohl am Herzen liegt und denen Gemeinnützigkeit dennoch nur begrenzt zuerkannt wird, so daß nicht jede Spende für eine Partei sich steuermindernd auswirkt? Aber da gibt es zum Glück eine ganze Reihe von Vereinigungen, wie etwa die »Gesellschaft zur Förderung der Wirtschaft e. V.«, den »Verband selbständiger Wirtschafts- und Mittelstandsunternehmen e. V.«, den »Verband der Wirtschaft zur Bildung neuen Eigentums e. V.«, des weiteren politische Akademien, staatsbürgerliche Vereinigungen, Stiftungen, Institute für politische Bildung und alle möglichen Fördergemeinschaften, die unbegrenzt steuerlich absetzbare Spenden, Mitgliedsbeiträge und ähnliche Zuwendungen, dem Finanzamt gegenüber als »Mittel für Öffentlichkeitsarbeit« deklariert, annehmen dürfen, dieselben an die ihnen nahestehenden politischen Parteien weiterleiten, und die darum vom Volksmund zärtlich »Spendenwaschanlagen« genannt werden.

Wir sehen: Ohne den deutschen Verein wäre ein ordentliches politisches Leben nicht denkbar – ja mehr noch: In

Arbeitsgemeinschaft der Fleischwarenfabriken im Zonen-randgebiet

Interessengemeinschaft Fett

Verein der Wiederlader- und Schwarzpulverschützen

Verband der deutschen Wasserzählerindustrie

Deutscher Volksbund für Geistesfreiheit

Bundesverband der Tierzucht- und Besamungstechni-ker

Arbeitsgemeinschaft des mittleren vermessungstechni-schen Dienstes bei der Deutschen Bundesbahn

Bundesverband der Katholiken in Wirtschaft und Verwal-tung

Deutsche Gesellschaft zur Entwicklung und Förderung des Seminar- und Tagungswesens

Bundesverband der Hersteller und Importeure von Kraft-rädern mit Beiwagen

Bundesvereinigung der Arbeitsgemeinschaft leitender Krankenpflegepersonen

Fachverband der friesischen Auktionatoren

Zentralverband der deutschen Darmimporteure

Arbeitsgemeinschaft für Betrieb und Nutzung von Ge-meinschaftsantennen und -verteileranlagen

Deutscher Sterbekassenverband

Notgemeinschaft der Vorexaminierten

Institut der versicherungsmathematischen Sachverständi-gen für Altersversorgung

Bundesverband der Leichtbeton-Zuschlag-Industrie

Initiative für aktive Vaterschaft

Verein der Privat-Güterwagen-Interessenten

Arbeitskreis freier Sanitär-Röhrenhändler

Bund der Diplominhaber der Verwaltungs- und Wirtschaftsakademien
Bundesverband des deutschen Bestattungsgewerbes
Vereinigung der Freizeitreiter in Deutschland
Verband der Handelsauskunfteien
Interessengemeinschaft mit Ausländern verheirateter deutscher Frauen
Arbeitsgemeinschaft für humane Sexualität
Deutsche Gesellschaft für das Badewesen
Rechtsschutzgemeinschaft Wein
Bundesverband deutscher Kartoffelbrenner
Vereinigung Berliner Empfangsamateure
Informationszentrum Weißblech

vielen Fällen sind es Vereine oder vereinsähnliche Gruppierungen, welche die Politik maßgebend gestalten, Entwicklungen vorantreiben oder hemmen und unserer Zukunft entweder Gestalt verleihen oder sie versauen.

Der Politologe spricht in diesen Fällen von »gesellschaftlich relevanten Gruppen«, und es genügt, nur ein paar davon aufzuzählen (siehe Kasten auf Seite 87), um zu erkennen, wie tief diese Gruppierungen sich in das Leben, selbst das private, jedes einzelnen Staatsbürgers hineinkrallen.

Jeder Verband also, der in diesem unserem Lande Sitz, Stimme und Einfluß hat, weist eine zumindest vereinsähnliche Struktur auf, was doch darauf schließen läßt, daß diese Struktur der demokratischen Landschaft am angemessensten ist. Oder, um es prägnanter auszudrücken: Alles, was diesem Staat Halt, Rückgrat und Stütze gibt, findet sich im Vereinsregister, nur dieser unser Staat nicht. Warum eigentlich?

Merke:

1. In der Bundeshauptstadt tritt der deutsche Verein gehäuft auf.
2. Das politische Leben in der Bundesrepublik Deutschland wird weitgehend über deutsche Vereine finanziert.
3. Der deutsche Verein ist deshalb staatspolitisch wertvoll.

Allgemeiner Deutscher Automobilclub
Deutscher Gewerkschaftsbund
Bund Deutscher Architekten
Deutscher Fußballbund
Technischer Überwachungsverein
Deutsches Rotes Kreuz
Bundesverband der deutschen Industrie
Landsmannschaft Schlesien im Bund der Vertriebenen
Gesellschaft für musikalische Aufführungs- und mechanische Vervielfältigungsrechte (GEMA)
Deutscher Bauernverband
Bund Deutscher Karneval
Cartellverband der katholischen deutschen Studentenverbindungen
Deutscher Industrie- und Handelstag
Diners Club
sowie alle politischen Parteien.

III. Die Bundesrepublik
als Verein der Vereine?

Die Bundesrepublik Deutschland, so lehrt uns ihr Grundgesetz (Artikel 20, Absatz 1), ist ein demokratischer und sozialer Bundesstaat.

Die Bundesrepublik Deutschland, so erklären uns fortwährend ihre führenden Politiker, ist ein freiheitlich-demokratischer Rechtsstaat.

Die BRD, so ertönt es aus dem östlichen Teil unseres Vaterlandes, ist ein imperialistischer Tummelplatz kapitalistischer Ausbeuterinteressen.

Die Bundesrepublik Deutschland, so behaupten sämtliche Law-and-Order-Politiker, ist der freiheitlichste Staat, der je auf deutschem Boden existierte.

Die Bundesrepublik Deutschland, so heißt es einerseits, ist ein Reiseland, ist aber, heißt es andererseits, kein Einwanderungsland.

Die Bundesrepublik Deutschland, meinen die einen, sei der Vorposten der freien Welt gegenüber dem Kommunismus.

Die Bundesrepublik Deutschland, meinen wieder andere, sei der Arsch der Welt im Falle eines nuklearen Konflikts.

Man könnte noch seitenlang so weiterdefinieren, was die Bundesrepublik Deutschland denn nun sei, aber das bisher Gesagte reicht aus, um zu erkennen: Die Bundesrepublik Deutschland ist ein Staat mit Identitätsproblemen – also was ist sie nun wirklich? Bundesstaat oder Rechtsstaat, Tummelplatz oder freiheitliches Land, Reise- oder Einwanderungsland, Vorposten oder Hinterteil der freien Welt?

Um wie vieles leichter wäre doch alles, könnte man klipp, klar und ohne Umschweife sagen:

»Die Bundesrepublik Deutschland ist ein eingetragener Verein.«

Die Begründung liegt auf der Hand: Wir werden faktisch von Vereinen regiert – warum soll dann ausgerechnet das von diesen Vereinen regierte Gemeinwesen *kein* Verein sein?

Langwierige theoretische Erörterungen der Vorteile, die eine Vereinsstruktur unserem Staatswesen brächte, sind überflüssig, wenn man sich einmal der kleinen Mühe unterzieht, für eine solche »Bundesrepublik Deutschland e. V.« eine Mustersatzung zu entwerfen, was im folgenden geschehen soll.*

Merke:

1. Die Bundesrepublik Deutschland hat Identitätsschwierigkeiten.
2. Der deutsche Verein hat keine Identitätsschwierigkeiten.
3. Daraus kann es nur eine Schlußfolgerung geben.

* In Anlehnung an Mustersatzungen aus: Geckle, »Vereinsratgeber«, München 1987

IV. »Bundesrepublik Deutschland e. V.«

Ein Satzungsentwurf

§ 1 – *Name und Sitz*
Der Verein führt den Namen »Bundesrepublik Deutschland«. Er hat seinen Sitz in Bonn und soll in das dortige Vereinsregister eingetragen werden. Nach der Eintragung lautet der Name des Vereins »Bundesrepublik Deutschland e. V.« Das Geschäftsjahr ist das Kalenderjahr.
(Dieser Paragraph ist mit dem Grundgesetz voll vereinbar.)

§ 2 – *Zweck*
Der Zweck des Vereins ist die Förderung und Pflege der Menschenrechte und des Wohlergehens für alle Bürger der Bundesrepublik Deutschland und West-Berlins mit dem Ziel der Wiedervereinigung des ganzen deutschen Volkes in Frieden und Freiheit sowie in allen seinen Grenzen.
(Damit erhält die bisherige Präambel des Grundgesetzes Satzungsparagraphencharakter, und die Menschenrechtsklausel erspart 18 Grundgesetzartikel – ein unschätzbarer Vorteil!)

§ 3 – *Mittelverwendung*
Der Verein ist selbstlos tätig. Er verfolgt nicht in erster Linie eigenwirtschaftliche Zwecke, sondern lediglich solche des Wachstums von Industrie und Handel. Mittel des

Vereins dürfen nur für die satzungsmäßigen Zwecke verwendet werden.

(Damit entfallen sämtliche Ausgaben, die nicht dem Bundesbürger oder der bundesdeutschen Wirtschaft zugute kommen, wie Entwicklungshilfe, EG-Beiträge etc.)

§ 4 – *Mitgliedschaft*
Vereinsmitglieder können natürliche volljährige Personen, aber auch juristische Personen werden. (Siehe Kasten auf Seite 92.) Jugendliche unter 18 Jahren bedürfen der Erlaubnis der Eltern. Stimmberechtigt sind Mitglieder erst ab Volljährigkeit.

(Der letzte Satz entspricht voll der grundgesetzlichen Regelung. Da es eine Zwangsmitgliedschaft nicht gibt, muß nicht jeder Bürger der Bundesrepublik dem Verein beitreten. Dadurch ist gewährleistet, daß nur solche Bundesbürger Vereinsmitglieder sein werden, die politisch engagiert und interessiert sind, was sich auf die Vereinsarbeit nur positiv auswirken kann.)

Über einen schriftlichen Aufnahmeantrag entscheidet der Vorstand. Bei Ablehnung des Aufnahmeantrags ist der Vorstand nicht verpflichtet, dem Antragsteller die Gründe mitzuteilen.

(Welche Vorteile eine solche Regelung im Hinblick auf Asylrecht, Ausländer- und Aussiedlerproblematik mit sich brächte, kann sich jeder selbst ausrechnen.)

§ 5 – *Beendigung der Mitgliedschaft*
Die Mitgliedschaft endet mit dem Tod des Mitglieds, durch freiwilligen Austritt, Ausschluß aus dem Verein oder Verlust der Rechtsfähigkeit der juristischen Person.

Natürliche (auch: physische) und juristische (auch: moralische oder fingierte) Personen unterscheiden sich dadurch, daß erstere auf natürliche Weise zustande kommen (in diesem Falle gelten auch In-vitro-Fertilisation oder Retortenzeugung sowie Kaiserschnitt als natürlich), während es sich bei letzteren um Verbände von natürlichen Personen handelt: Vereine, Aktiengesellschaften, GmbHs, Genossenschaften etc.
(Eine weitverbreitete Spezies der juristischen Person ist die GmbH & Co KG, bei der man jedoch eher von einer fingierten als von einer moralischen Person sprechen muß.)

Ein Mitglied kann durch Beschluß der Mitgliederversammlung von einer Mehrheit der anwesenden Mitglieder von $^3/_4$ der abgegebenen gültigen Stimmen ausgeschlossen werden, wenn es in grober Weise gegen die Vereinsinteressen verstoßen hat.
(Die Bedeutung dieses Satzungsparagraphen kann gar nicht hoch genug eingeschätzt werden: Durch ihre Vereinsmitgliedschaft als juristische Personen sind die gesellschaftlich relevanten Verbände in die Vereinsdisziplin eingebunden und können so – wie z.B. eine Gewerkschaft, die zu einem Streik aufruft – wegen vereinsschädigenden Verhaltens aus der Volksgemeinschaft ausgeschlossen werden. Ebenso ermöglicht es dieser Paragraph, mißliebige Journalisten, Publizisten, Wissenschaftler und andere unsichere Elemente aus der Mitgliedschaft zu entlassen und damit vereinsunschädlich zu

machen. Mit diesem Paragraphen also gewinnt die Bundesrepublik Deutschland in hohem Maße ein Stück jener Handlungsfreiheit zurück, die sie sich durch das Grundgesetz leichtfertigerweise selbst genommen hat.)

§ 6 – *Mitgliedsbeiträge*
Von den Mitgliedern werden Beiträge erhoben. Die Höhe des Jahresbeitrags und seine Fälligkeit werden von der Mitgliederversammlung im Einvernehmen mit den Finanzämtern nach der Höhe des Einkommens festgelegt.
(Der Verein »Bundesrepublik Deutschland e. V.« ist, wie aus den Paragraphen 2 und 3 hervorgeht, gemeinnützig und selbstlos tätig. Das bedeutet, daß Zuwendungen an den Verein, also auch Mitgliedsbeiträge, abgabenmindernd vom zu versteuernden Einkommen abgezogen werden können. Da die Mitgliedsbeiträge jedoch an die Stelle der Steuer getreten sind, kann man sie so lange von seinem Einkommen absetzen, bis man überhaupt keinen Beitrag mehr zu bezahlen hat. So ist auf elegante Weise jede Abgabe an das Gemeinwesen abgeschafft worden, so daß der Verein »Bundesrepublik Deutschland e. V.« sich für seine notwendigen Ausgaben auf dem Kapitalmarkt umsehen und auf etlichen Firlefanz wie Jäger 90, Schnelle Brüter und Rhein-Main-Donau-Kanäle verzichten muß. Durch den Abgabenwegfall wiederum steigen Kaufkraft und Konsumfreude, was die Wirtschaft veranlaßt, zur Aufrechterhaltung dieses erfreulichen Status dem Verein mit ihren überschüssigen Gewinnen immer wieder selbstlos unter die Arme zu greifen.)

§ 7 – *Organe des Vereins*
Vereinsorgane sind

– der Vorstand
– die Mitgliederversammlung.
(Der Vorteil dieser Regelung ist nicht zu übersehen, liegt er doch in der radikalen Reduzierung staatlicher Repräsentanz auf das absolut Notwendigste, das gleichzeitig das absolute Minimum bedeutet: Vorstandschaft und Mitgliedschaft. Zwischengeschaltete Organe wie Bundestag, Bundesrat, Bundesgerichtshof, Bundesversammlung, Bundesanstalt für Arbeit, Bundesanwaltschaft und Bundesnachrichtendienst werden aufgelöst, die bisher dort beschäftigten Personen durch die Verteilung von Ehrenmitgliedschaften ruhiggestellt.)

§ 8 – *Der Vorstand*
Der Vorstand im Sinne des § 26 BGB (»Der Vorstand kann aus mehreren Personen bestehen«) besteht aus dem 1. und 2. Vorsitzenden (früher »Bundeskanzler« und »Stellvertretender Bundeskanzler« oder »Vizekanzler«). Sie vertreten den Verein gerichtlich und außergerichtlich. Jedes Vorstandsmitglied ist einzeln vertretungsberechtigt.
Die Vertretungsmacht des Vorstandes ist in der Weise beschränkt, daß er bei Rechtsgeschäften von mehr als 1 Milliarde DM verpflichtet ist, die Zustimmung des erweiterten Vorstandes einzuholen.
Der erweiterte Vorstand besteht aus
a) dem Vorstand
b) dem Kassenwart (früher: »Bundesfinanzminister«)
c) dem Schriftführer (früher: »Regierungssprecher«)
d) den Ausschuß- oder Spartenvorsitzenden (früher: »Bundesminister«)
(Die Zahl der Ausschüsse oder Sparten ist auf ein Mini-

mum zu begrenzen: Recht, Umwelt, Familie. Alles andere erledigt sich erfahrungsgemäß sowieso von selbst.)

§9 – *Aufgaben und Zuständigkeiten des Vorstandes*
Der Vorstand ist für alle Angelegenheiten des Vereins zuständig, soweit sie nicht einem anderen Organ durch Satzung zugewiesen sind. Zu seinen Aufgaben zählen insbesondere:
– Vorbereitung und Einberufung der Mitgliederversammlung sowie Aufstellung der Tagesordnung,
– Ausführung von Beschlüssen der Mitgliederversammlung,
– Vorbereitung eines etwaigen Haushaltsplanes, Buchführung, Erstellung des Jahresberichtes (früher »Bericht zur Lage der Nation«), Vorlage der Jahresplanung,
– Beschlußfassung über Aufnahmeanträge, Ausschlüsse von Mitgliedern.
(In diesem Paragraphen sind die Kompetenzen des Vorstandes, also des früheren Bundeskanzlers und seines Stellvertreters, klar umrissen und auf vier wesentliche Aufgabenbereiche beschränkt. Das bedeutet, daß praktisch jeder als Vorstand geeignet ist, der bis vier zählen kann und nicht mehr, wie bisher, nur bis drei.)

§10 – *Wahl des Vorstandes*
Der Vorstand wird von der Mitgliederversammlung gewählt. Vorstandsmitglieder können nur Mitglieder des Vereins werden. Die Mitglieder des Vorstandes werden für die Zeit von vier Jahren gewählt. Der Vorstand bleibt bis zu einer Neuwahl im Amt. Mit Beendigung der Mitgliedschaft im Verein endet auch das Amt als Vorstand.

(Der vereinfachte Vereinsausschluß des Vorstandes wegen vereinsschädigenden Verhaltens tritt also an die Stelle des umständlichen sogenannten »konstruktiven Mißtrauensvotums«.)

§ 11 – *Vorstandssitzungen*

Der Vorstand beschließt in Sitzungen, die vom 1. oder 2. Vorsitzenden einberufen wurden. Die Vorlage einer Tagesordnung ist nicht notwendig.

Der Vorstand ist beschlußfähig, wenn mindestens die Hälfte seiner Mitglieder anwesend sind. Der Vorstand entscheidet mit Stimmenmehrheit. Bei Stimmengleichheit entscheidet die Stimme des 1. Vorsitzenden (früher: »Richtlinienkompetenz«), bei dessen Abwesenheit die des 2. Vorsitzenden.

(Es ist nicht zu übersehen, daß dieses Verfahren gegenüber den langwierigen Kabinetts- beziehungsweise Bundestagssitzungen eine wesentliche und willkommene Vereinfachung bedeutet.)

§ 12 – *Mitgliederversammlung*

In der Mitgliederversammlung hat jedes Mitglied eine Stimme. Die Übertragung der Ausübung des Stimmrechts ist nicht zulässig. Die Mitgliederversammlung ist für folgende Angelegenheiten zuständig:

1. Wahl, Abberufung und Entlastung des Vorstandes,
2. Beschlußfassung über Änderungen der Satzung und über die Vereinsauflösung,
3. Ernennung von besonders verdienten Mitgliedern zu Ehrenmitgliedern,
4. weitere Aufgaben, soweit dies aus der Satzung oder nach Gesetz sich ergibt.

Mindestens einmal im Jahr soll eine ordentliche Mitgliederversammlung stattfinden. Sie wird vom Vorstand unter Angabe der Tagesordnung durch schriftliche Einladung einberufen.

(Bei einem Verein von der Größe der »Bundesrepublik Deutschland e. V.« ist es natürlich nicht möglich, alle Mitglieder in einem Raum zu versammeln. Die moderne Kommunikationstechnik macht es jedoch denkbar, daß jedes Mitglied zu Hause oder in einem dafür geeigneten Saal den Ausführungen zu den verschiedenen Tagesordnungspunkten folgen und sich gegebenenfalls fernmündlich selbst in die Debatte einmischen kann. Im übrigen sollte sich die Mitgliederversammlung, um zeitlich nicht auszuufern, im wesentlichen auf das Abstimmen beschränken.)

Außerordentliche Mitgliederversammlungen sind auf Antrag der Mitglieder einzuberufen, wenn $1/5$ der Vereinsmitglieder die Einberufung schriftlich unter Angabe der Gründe verlangen. Beschlüsse der Mitgliederversammlung werden mit einfacher Mehrheit gefaßt, Satzungsänderungen bedürfen einer $3/4$-Mehrheit der anwesenden Mitglieder. Hierbei kommt es auf die abgegebenen gültigen Stimmen an.

(Um das Abstimmungsverfahren zu vereinfachen, wird es erforderlich sein, das binäre Wahlsystem einzuführen, das heißt, das Mitglied kann nur mit »Ja« oder »Nein« stimmen. Überholte Verfahren wie Listen-, Verhältnis-, Persönlichkeits- oder Mehrheitswahl werden der Vergangenheit angehören, so daß der Abstimmende nicht mehr intellektuell überfordert sein wird. Stand er bisher ratlos vor der Alternative, sich für »Frieden durch Aufrüstung« oder für »Frieden durch Abrüstung« entscheiden zu müssen, so bleibt ihm dann nur noch die Wahl zwischen »Ja zum Frieden« und »Nein zum Frieden«. So mag der Bürger seine Politik!)

§ 13 – *Protokollierung* – und § 14 – *Rechnungsprüfung* – beziehen sich auf Formalien, die eigentlich selbstverständlich sind, und § 15 – *Auflösung des Vereins* – ist eine rein theoretische Festlegung, da bei einem so stabilen, gesunden und in sich ruhenden Verband wie der »Bundesrepublik Deutschland e. V.« eine Auflösung sowieso illusorisch ist.

Darum soll hier jetzt auch nicht länger trockene Satzungstheorie betrieben werden, zumal unsere Betrachtung des deutschen Vereins und seines Wesens sich unwiderruflich ihrem Ende nähert. Und so bleibt uns an dieser Stelle nur noch das eine übrig, nämlich klipp und klar das Fazit zu ziehen, daß der Status des eingetragenen Vereins für die Bundesrepublik Deutschland der ihr einzig angemessene wäre. Davon sollte uns der Umstand überzeugen, daß ein vierzigjähriges Herumlaborieren mit dem Mehrparteiensystem, mit Parlamentarismus, Verfassungsorganen, Grundgesetzmanipulationen und allen möglichen partei- und interessenpolitischen Finessen, daß sechs Bundespräsidenten und ebenso viele Bundeskanzler uns letzten Endes nicht weiter gebracht haben als bis dahin, wo wir heute sind.
Und daß sie und wir trotz aller Bemühungen es bis heute nicht geschafft haben, dem einen, hohen, hehren Ziel aller deutschen Politik auch nur einen Schritt näher zu kommen, das man wirklich nicht schöner, deutlicher und

treffender definieren kann als mit dem einen Wort, das
doch so klar ausdrückt, was Sache ist:

WIEDER-VEREIN-IGUNG.

Das sich daran anschließende gemütliche Beisammensein wird, des kann man sicher sein, kosmische Ausmaße
annehmen.

Knaur Ⓚ

Satire

WOLFGANG FRANKE

LORE LORENTZ

Originalausgabe

EINE SCHÖNE GESCHICHTE

Eine historische Stunde im Kom(m)ödchen

Band 2175 · 120 Seiten · ISBN 3-426-02175-7

Knaur Ⓚ

Satire

WERNER SCHNEYDER

SATZ FÜR SATZ

Ein Kabarett-Solo mit Fußnoten

Originalausgabe

Band 2135 · 128 Seiten · ISBN 3-426-02135-8

Knaur

Hildebrandt, Dieter, u. a.
Von Gau zu Gau oder
die Wackersdorfidylle
Der Scheibenwischer zur
Wiederaufbereitung.
140 S., 37 s/w-Fotos. [2185]

Lorentz, Lore /
Franke, Wolfgang /
Morlock, Martin
Marschmusik für
Einzelgänger
Ein Soloprogramm von
Lore Lorentz mit Gedich-
ten des großen Satirikers
Martin Morlock, die
Wolfgang Franke, Hausau-
tor des Düsseldorfer
Kom(m)ödchens in einen
aktuellen Rahmen gestellt
hat. 96 S. [2194]

Scheibenwischer / Zensur
Das Buch enthält den voll-
ständigen Text der inkri-
minierten Sendung mit
einer Dokumentation
über die Reaktionen in der
Öffentlichkeit. Vorwort
von Heinrich Albertz.
112 S., 13 s/w-Fotos. [2188]

Hildebrandt, Dieter /
Müller, Hans-Christian /
Polt, Gerhard
Krieger Denk Mal!
Ein Buch zur moralischen
Aufrüstung. 144 S. [2120]

Faria Faria Ho
Der Deutsche und sein
»Zigeuner« – das Buch zum
SCHEIBENWISCHER über
Sinti und Roma. 104 S. mit
Illustrationen von Dieter
Hanitzsch und umfangrei-
cher Anhang. [2179]

…in diesem
unserem Lande
Deutschland nach der
Wende. Eine satirisch-
ernste Bestandsaufnahme.
107 S. mit 47 Cartoons.
[2125]

Jonas, Bruno
Der Morgen davor
Ein kabarettistisches
Monodram.
Treffsicher und schlagend
– das neue Soloprogramm
aus der Lach- und Schieß-
gesellschaft von Bruno
Jonas. 128 S. [2722]

Schneyder, Werner
Gelächter vor dem Aus
Die besten Aphorismen
und Epigramme.
256 S. mit 14 Abb. [2108]
Satz für Satz
Ein Kabarettprogramm
mit Fußnoten.
128 S. [2135]

Wut und Liebe
Gesammelte Ansichten.
Treffsicher nimmt Werner
Schneyder den Zustand
unserer Zeit mit satirisch
gespitzter Feder aufs Korn.
256 S. mit Illustr. von Luis
Murschetz. [2190]

SATIRE